アウトライン────
刑法総論
〔第2版〕

荒木友雄 著

不磨書房

改訂のねらい

　本書出版後に，法定刑の引き上げなど，法律の改正があった。このたびの改訂は，それを反映させることが主たる目的である。
　刑事司法では，全く新しい制度として，刑事裁判に一般市民が参加する裁判員制度がスタートする。
　本書は，やや難解といわれる刑法理論を，その本筋だけを，平易かつ明瞭に，解説したものである。そこで，本書は，刑法を学ぶ学生だけでなく，裁判員に選ばれた人たちにとっても，よき教材の一つになると思っている。

　2009年3月

荒　木　友　雄

本書の性格とそのねらい

　教科書を地図にたとえれば，本書は略図である。
　刑法理論の世界は，何々論といった大通り，何々説といった横丁の，複雑に交錯し入り混じっている都会の街路のようなもので，学派，学説の大通りや小道が多数あり，ときには迷路があって，はじめてこの街に足を踏み入れた者にとっては戸惑う世界である。
　実務界で永く過ごして来た著者が，この刑法理論の街の案内人の一人となってみて，この街の地理の複雑さにあらためて音を上げた。
　そこで，「まず略図が必要」と書き上げたのが本書である。
　本書では，したがって，何々論，何々説の複雑な横丁は無視し，大通りだけを案内するように心がけている。しかし，この案内の結果，好奇心，探求心が刺激されて，さらに高度な理論の世界に足を踏み入れて欲しいとも願っている。それが本書のねらいの一つである。
　だが，その際，刑法理論は，そもそも何を目指しているのか。そのことをよく理解して，その本道・本筋を見失わないようにして欲しいと念願している。

　　2004年4月

　　　　　　　　　　　　　　　　　　　　　　　　荒　木　友　雄

目　次

はしがき

第1章　はじめに──法律，刑法を学ぶコツ──
　　1　法律を学ぶコツについて …………………………………1
　　2　刑法を学ぶコツについて …………………………………3
　　3　刑法理解のキーワード ……………………………………5
　　4　刑法理解のキーポイント …………………………………7

第2章　刑法とは
　　　　　──刑法を理解するについて知っておくべきこと──
　第1　刑法の意義，沿革 …………………………………………9
　　1　実質的意義の刑法と形式的意義の刑法 …………………9
　　2　刑法典の沿革 ………………………………………………9
　　3　刑法総則の意味 ……………………………………………10
　第2　刑法の性格 …………………………………………………10
　　1　刑法は公法である …………………………………………10
　　2　刑法は実体法である ………………………………………11
　　3　刑法は，裁判のための規範である ………………………11
　　4　自然犯とは，行政犯とは …………………………………12
　第3　刑法の機能 …………………………………………………12
　　1　法益保護機能 ………………………………………………12
　　2　人権保障機能 ………………………………………………12
　第4　罪刑法定主義 ………………………………………………13
　　1　意　義 ………………………………………………………13

目　　次

　　　　2　内容——派生原理 …………………………………14
　第5　刑法の適用範囲 ………………………………………16
　　　　1　時間的適用範囲 …………………………………17
　　　　2　場所的適用範囲 …………………………………18
　第6　刑 法 理 論 ……………………………………………18
　　　　1　二筋の大きな流れ ………………………………18
　　　　2　古典派と近代派 …………………………………19
　　　　3　近代派登場の意義と限界 ………………………20
　　　　4　各学派の先駆者たち ……………………………21

第3章　刑法上，犯罪とは何か …………………………23
　第1　犯罪の法律的意義………………………………………23
　第2　犯罪の成立要件…………………………………………24
　　　　1　構成要件該当性 …………………………………24
　　　　2　違　法　性 ………………………………………24
　　　　3　有　責　性 ………………………………………25
　第3　処罰条件および処罰阻却事由…………………………25

第4章　構 成 要 件
　第1　構成要件とは ……………………………………………27
　　　　1　構成要件は処罰できる犯罪の類型………………27
　　　　2　構成要件は犯罪成立の第1条件…………………27
　　　　3　構成要件は，違法行為，有責行為の類型 ………28
　第2　構成要件の一般的内容 …………………………………29
　　　　1　構成要件要素の類別 ……………………………29
　　　　2　客観的構成要件要素 ……………………………30
　　　　3　主観的構成要件要素 ……………………………33

目　　次

第3　構成要件の形態 …………………………………………35
　　1　対比的・特徴的な諸形態 ………………………………35
　　2　侵害犯，危険犯，形式犯 ………………………………35
　　3　即成犯，状態犯，継続犯 ………………………………36
　　4　結　合　犯 ………………………………………………37
第4　構成要件に該当する行為（実行行為）…………………37
　　1　実　行　行　為 …………………………………………37
　　2　不　作　為　犯 …………………………………………39
　　3　間　接　正　犯 …………………………………………40
　　4　原因において自由な行為 ………………………………42
第5　因　果　関　係 …………………………………………43
　　1　刑法における因果関係の意味 …………………………43
　　2　刑法における因果関係 …………………………………44
第6　不　能　犯 ………………………………………………45
　　1　そ　の　概　念 …………………………………………45
　　2　結果発生の危険性とは …………………………………46

第5章　違　法　性

第1　違法性の意義，本質 ……………………………………49
　　1　違　法　性　と　は ……………………………………49
　　2　実質的違法が違法である ………………………………49
　　3　行為無価値論，結果無価値論 …………………………50
　　4　「許された危険」 ………………………………………51
　　5　可罰的違法性論，超法規的違法阻却 …………………51
第2　違法性阻却事由 …………………………………………52
　　1　違法性の推定 ……………………………………………52
　　2　違法性阻却事由 …………………………………………53

目　　次

　　第3　緊急行為 ……………………………………………53
　　　1　正当防衛 ………………………………………53
　　　2　緊急避難 ………………………………………55
　　　3　自救行為 ………………………………………56
　　第4　正当行為 ……………………………………………57
　　　1　法令による行為 ………………………………57
　　　2　正当業務行為 …………………………………57
　　　3　超法規的な正当行為 …………………………57

第6章　責　　任
　　第1　責任の意義 …………………………………………59
　　　1　非難可能性 ……………………………………59
　　　2　行為と責任の同時存在の原則 ………………59
　　第2　責任の本質 …………………………………………60
　　第3　責任能力 ……………………………………………62
　　　1　責任能力とは …………………………………62
　　　2　精神障害者 ……………………………………63
　　　3　刑事未成年者 …………………………………63

第7章　故　　意
　　第1　故意の体系的位置 …………………………………65
　　第2　構成要件的故意 ……………………………………66
　　　1　構成要件的故意の内容 ………………………66
　　　2　認識説，認容説，意欲説 ……………………66
　　第3　構成要件的故意の種類 ……………………………67
　　　1　確定的故意 ……………………………………67
　　　2　不確定的故意 …………………………………67

目　　次

　　第4　事実の錯誤 …………………………………………………68
　　　　1　問題の所在 …………………………………………………68
　　　　2　客体の錯誤，方法の錯誤，因果関係の錯誤 ……………68
　　　　3　具体的符合説，法定的符合説，一故意説，数故意説 …70
　　　　4　故意の具体的存否からの検討 ……………………………71
　　　　5　具体的事実の錯誤，抽象的事実の錯誤 …………………72
　　第5　故意に関するその他の問題 ………………………………73
　　　　1　問題の所在 …………………………………………………73
　　　　2　違法性の意識（違法の認識）について …………………74
　　　　3　違法性阻却事由の錯誤 ……………………………………75
　　　　4　法律の錯誤（禁止の錯誤） ………………………………75

第8章　過　　　失
　　　　1　処罰は例外，開かれた構成要件 …………………………77
　　　　2　注意義務違反——予見義務と回避義務 …………………78
　　　　3　客観的注意義務と主観的注意義務 ………………………79
　　　　4　認識ある過失と未必の故意 ………………………………79
　　　　5　業務上の過失と重大な過失 ………………………………80
　　　　6　許された危険，信頼の原則 ………………………………80
　　　　7　過失をめぐる論議——新過失論，新新過失論 …………81

第9章　期待可能性
　　　　1　そ の 意 味 …………………………………………………83
　　　　2　適用の考えられる具体的場合 ……………………………83

第10章　未　　　遂
　　第1　その法律的な意味 …………………………………………85

目　　次

　　　1　未遂と既遂 …………………………………………………85
　　　2　実行未遂と着手未遂 ………………………………………86
　　　3　未遂の処罰 …………………………………………………86
　第2　中 止 未 遂 ……………………………………………………87
　　　1　規定・制度の意味 …………………………………………87
　　　2　「自己の意思により（任意性）」とは …………………87
　　　3　中止行為の内容 ……………………………………………88

第11章　共　　　犯

　第1　共 犯 と は ……………………………………………………89
　　　1　単独犯と共犯 ………………………………………………89
　　　2　必要的共犯 …………………………………………………90
　　　3　任意的共犯 …………………………………………………91
　　　4　正 犯 と は …………………………………………………91
　第2　共犯をめぐる論議 ……………………………………………91
　　　1　共犯とは何を共同にするか ………………………………91
　　　2　処罰の理論的根拠 …………………………………………92
　　　3　共犯従属性の論議 …………………………………………92
　第3　共 同 正 犯 ……………………………………………………93
　　　1　意　　義 ……………………………………………………93
　　　2　何を共同にするのか ………………………………………94
　　　3　共同正犯の要件 ……………………………………………95
　　　4　共犯者に刑事責任のない場合 ……………………………96
　　　5　効　　果 ……………………………………………………97
　第4　教　唆　犯 ……………………………………………………97
　　　1　意　　義 ……………………………………………………97
　　　2　教唆犯の要件 ………………………………………………98

　　　　　　　　　　　　　　　　　　　　　　　　目　　次

　　　3　効　　果……………………………………………………98
第5　幇助犯（従犯）……………………………………………99
　　　1　意　　義……………………………………………………99
　　　2　成立要件……………………………………………………99
　　　3　効　　果…………………………………………………100
第6　共犯に関するその他の問題 ……………………………100
　　　1　共犯と身分 ………………………………………………100
　　　2　共犯の錯誤 ………………………………………………101
　　　3　共犯の未遂 ………………………………………………101

第12章　罪　　数

第1　罪数論の意義 ……………………………………………103
　　　1　なぜ罪数論が重要か ……………………………………103
　　　2　罪数の判定 ………………………………………………103
第2　犯罪の個数 ………………………………………………104
第3　特殊な一罪 ………………………………………………104
　　　1　法条競合 …………………………………………………104
　　　2　包括一罪 …………………………………………………105
　　　3　科刑上一罪 ………………………………………………105
第4　併　合　罪 ………………………………………………108

第13章　刑　　罰

第1　刑罰の種類 ………………………………………………111
第2　刑罰の意味 ………………………………………………111
第3　刑の定め方 ………………………………………………112
第4　付　加　刑 ………………………………………………115
第5　執行猶予 …………………………………………………116

xi

第1章 はじめに
―法律,刑法を学ぶコツ―

1 法律を学ぶコツについて

 1) 法律を学び始めてまず困るのは,言葉の意味がよく分からないことである。教科書を読み辞書を引いても,結局,どうどう巡りでよく分からないことが多い。

 アメリカのロースクールへは一般の学部を卒業して入るが,入学した当座は,外国から留学してきた学生ばかりか,アメリカの学生ですら,講義の内容が,同じ英語であるのに,言葉の意味が分からないとこぼすそうである。

 結局,それは,法律を理解するには,言葉を,新しい英語として覚えなければならないと教えられるようである。

 これから,法律のうち刑法を,できるだけ平易に説明しようと思うが,しかし,皆さんが,ふだんの社会生活では,多分,耳にしたことのない,目にしたことのない言葉が次々に登場するはずである。

 2) たとえば,「過失」などのようにふだん見聞きしている言葉でも,法律の中で使用するときは,「不注意な行為でなんらか結果が生じたこと」をいうのであるが,その「不注意」とは,「結果を予見し回避する義務に違反したこと」と,むしろ難しくなってしまう。このように,言葉は,厳格な定義に従って使われるので,時には,同じ言葉でも,刑法と民法,その他その法律によって,その意味やニュアンスが違ってくる。

第1章　はじめに—法律，刑法を学ぶコツ—

3）「故意」「過失」という言葉は，刑法でも民法でも出てくるが，定義の仕方や意味合いはやや違ってくる。

たとえば，「遊園地でゴーカートを運転して遊んでいるうち，ふざけが過ぎて別のゴーカートにぶっつけて怪我をさせてしまった」とする。この場合，刑事・刑法では，故意による傷害か過失による傷害か，その刑事責任が問題になる。ふざけすぎた行為が故意であれば懲役15年までになる可能性がある。過失であれば罰金刑だけですみ，天と地ほど差が開く。

民事・民法では，いずれにせよ治療費と慰謝料などの発生した損害の賠償の義務があるのかという問題なので，故意だろうが，過失だろうが，あまり結果が変わらない。そこで，民事では「故意または過失」と並べて大束に考えており，定義もそう神経質ではない。

しかし，刑法では，故意責任と過失責任とは全く別なので，故意とは，「結果を認識し，認容があること」，過失とは，「結果を予見し回避する義務に違反したこと」とむずかしく厳格に定義されざるをえない。

4）さらに，民法では，善意の占有者，悪意の占有者といった風に，「善意」「悪意」という言葉が出てくる。それによって取得時効の期間が10年だったり20年だったりする。

「善意」「悪意」の言葉の意味としては，「好意」に対する「悪意」ととりたくなるが，民法では自分に占有の権限がないことを知っていたかどうか，つまり，単にある事実を知らなかったか知っていたかだけの意味である。

結局，新しい日本語として，テクニカルタームとして，定義を知って，使い方を覚え慣れるのがコツである。

> **刑法**
> **(傷害)**
> **第204条** 人の身体を傷害した者は,15年以下の懲役又は50万円以下の罰金若しくは科料に処する。
> **(過失傷害)**
> **第209条**① 過失により人を傷害した者は,30万円以下の罰金又は科料に処する。
> ② 前項の罪は,告訴がなければ公訴を提起することができない。
>
> **民法**
> **(不法行為による損害賠償)**
> **第709条** 故意又は過失によって他人の権利又は法律上保護される利益を侵害した者は,これによって生じた損害を賠償する責任を負う。
> **(所有権の取得時効)**
> **第162条**① 20年間,所有の意思をもって,平穏に,かつ,公然と他人の物を占有した者は,その所有権を取得する。
> ② 10年間,所有の意思をもって,平穏に,かつ,公然と他人の物を占有した者は,その占有の開始の時に,善意であり,かつ,過失がなかったときは,その所有権を取得する。

2 刑法を学ぶコツについて

1) たとえば,「ある人物を憎んで,呪い殺そうと一心にお祈りをささげ,御百度参りまでした。すると間もなく,相手が交通事故にあって死んでしまった。」

こんなケースで,これが刑法の殺人罪になるかと聞かれれば,ほとんどの人は,「そんなのは殺人ではない」と答えると思う。なぜか。常識的に考えて,「祈り殺す行為」は,殺人の行為とはとてもいえないからである。念力を信じる人でもそうだろうと思う。刑法が禁じようと予想し想定している,殺人行為のタイプには,とても

第1章　はじめに―法律，刑法を学ぶコツ―

入れられないからである。

　「人を絞首して殺す」ことは，まさに刑法が処罰しようしている殺人行為であることは疑いがない。しかし，これが死刑の執行として行われた場合はどうであろうか。死刑制度について否定的意見の持主も，執行に当たった刑務官を殺人罪で処罰しろとはいわないであろう。正当防衛で人を殺しても，同様であろう。行為として正しいし，悪いとは言えないからである。

　背中にピストルを突きつけられて「その男を殺せ，殺さないとおまえを殺す」といわれて，やむをえず人を殺した。この殺した人を処罰できるか。「自分の命を救うためやむをえないことをした」として処罰しないことになろう。正しい行為とはいえなくても，とても非難できないからである。

　刑法学は，こうした事柄を，「構成要件」（犯罪になる行為の類型・定型），「違法性」（悪い行為かどうか），「責任」（行為した者を非難できるかどうか）などを，順次，筋を立てて，理論的に理解しようとする学問である。

　総論と各論とがあるが，刑法各論は，たとえば，殺人，傷害とは，具体的にどのような行為をいうか，窃盗，強盗，詐欺，横領とはどういう行為か，などを学ぶが，刑法総論では，処罰に至る大きな枠組み，思考法を学ぶものである。

　2）　ところで，先ほどの遊園地での悪ふざけのケースで，故意責任を負うのは，少なくともカートを相手車両にむけて，「ぶつかってもいい」と思ってやった場合である。これを，「結果の認識（分かっていたこと），認容（結果が起こってもよいと思っていたこと）がある」という。

　刑法では，結果の認識だけで故意責任を認めてよいという議論もあるが，反対に，積極的にそういう結果を起こそうと意欲を持って

第1章 はじめに―法律，刑法を学ぶコツ―

することが必要だとする論争があって，「認容」というのは中間説である。このように刑法では，議論を通じて言葉の定義が厳格化されてきた歴史がある。そうした過程を勉強すると理解が早いと思われる。

3）　講義のなかでは，構成要件とか，違法性，責任といった言葉ばかりでなく「結果無価値」，「行為無価値」などと耳慣れない言葉が出てくる。しかし，これも議論している事柄は，常識レベルで理解できないものではなく，ある議論の集約的な表現に過ぎないことが多いので，言葉の難しさにごまかされないように。

元来，刑法は，裁判において，ある人の行為について，刑罰を与えるべきかどうかを判定する基準（裁判規範という）であるが，一般の人の行動を律するものでもある（行為規範，社会規範）。裁判の場であっても，外国にみられる陪審，参審のように，法律専門家ではない一般の人が判断をする制度がある。日本でも，2009年5月から裁判員制度がスタートしている。そのようなものであるから，決して常識はずれの難解な議論であってよいはずがない。

3　刑法理解のキーワード

1）　刑法は常識のかたまりであるが，議論のかたまりでもある。基本的な事柄について対立があり論争がなされている。

悪いことをしたら処罰されるのは当然である。刑法は，刑罰を定めているが，それ以外に，少年に対する保護処分，交通違反の反則金，脱税の重加算税，など広く制裁があって，それによって社会秩序が維持されている点に関しては，異論がないと思われる。

2）　しかし，この制裁の対象になるのは，行為か，行為をした人間か大議論がある。行なった行為そのもの，それだけであれば，

大人であれ、子供であれ、女性であれ、男性であれ、金持ちであれ、貧乏人であれ、社会的地位がどうであれ、行為が同じなら同じような制裁を受ける。交通反則金はまさに行為だけが対象なので行為主義的制裁であろう。

他方、少年法の保護処分は、その行為もさりながら、少年の非行性の程度・進行度によって処分が違う。保護といっても、現実には自由を束縛する制裁という効果もあるので、その制裁の対象は、客観的な行為だけでなく行為者であるといわざるをえない。

3） よく刑法の議論の中で、「客観主義」、「主観主義」というが、前者は行為を基本とする考え方で、後者は行為者を基本に考えようという立場である。

そして、この立場の対立の背景には、国家とはどのようなものか、人間とはどのような存在と見るのか、国家観、人間観の対立があるとされる。

人々は、元来、国家とは無関係に自由に活動でき、自由競争の結果、見えない手で調和がはかられると考える国家観では、行為者は平等で、行為だけがその制裁の対象になり、行為と処罰とは釣り合うものであることが要求され、客観主義になじむという。

それが、国家とは、積極的に国民の利害を調節し、広く国民の福祉を図るべきものとする国家観においては、こうした国家・社会から犯罪を防止しようとするので、いきおいそうした危険な行為者に目が向けられ、主観主義となじむといわれる。

しかし、理念的、観念的にはとにかく、現実には、そのような極端な国家があるわけでなく、現在の日本の刑法論議がそのような簡単な図式で割り切って理解できるとは思えない。

しかし、客観的な行為だけを問題とするか、行為者の主観的要素を勘案して理論を組み立てているかといった視点は、刑法理論の理

解に重要なキーワードである。

4　刑法理解のキーポイント

　1）刑法を学ぶ場合，それが犯罪を扱う以上，罪を犯す人に対する理解が欠かせない。

　第二次世界大戦後（1945年，昭和20年12月），日本において刑法犯が激増した。物資が不足し，配給によって配られるが，絶対量が不足し，闇で品物，とくに食料品を手に入れなければ餓死することもあった。現に，法を守る裁判官は法を犯すわけにはいかないと，栄養失調で死んだ判事もいたくらいの混乱期であった。罪を犯した人の中には，こうした厳しい社会状況が原因で犯罪を犯した者が多いことは間違いない。

　また，犯罪者の多くは家庭的にも恵まれず，不幸な生い立ちであることが多い。このことは，家庭や生育環境が犯罪の原因になることを示している。

　裁判を担当していると，同じ人物が似たような罪を犯して何度も裁判の場に現れる。その人の資質，性格による部分が多いと思わざるをえないのも事実である。

　2）ところで，法律で物事を禁止し，ある行為を命ずる場合，違反した場合や命令に応じない者に対して，制裁を科すことができなければ実効性がない。

　しかし，刑罰については，その意味付けをめぐって，その罪を犯す人間像，人間観に対立がある。

　1つは，犯罪は，自由な意思によって理性的に判断して行なわれたもので，こうした人間に対し，刑罰で戒めているのだという考え方である。刑罰は悪い行為に対する制裁，報いで，悪くいえば威嚇

である。これによって秩序を守ろうとする考え方である。報いである以上，行為と処罰とはちょうど見合ったものでなければならないことになる。

しかし，犯罪は，社会状況や家庭環境に加え，人の持って生まれた資質や性格によっても影響を受けているとなると，人間が常に理性的に意思を働かせ理性的に行動しているとはいえないという考え方が出てくる。そして，社会を守るためには，そのような社会にとって危険分子は，早期に発見して，除去ないし矯正すべきでそれが刑罰であると主張されてくる。刑罰がそのようなものであるとすると，行為は大したことがなくとも，行為者の危険性が高ければそれを矯正教育するに足る重い刑罰が必要だということになる。

3）だが，考えてみると，人間は，たしかに社会情勢に影響されるとはいえ，同じ状況で同じ行動に出るわけではない。また，同じ資質，性格の持主が，同じような恵まれない家庭環境で育っても，全員が犯罪に走るわけではない。

また，行為者の危険性を推し量る確たる手段もない。かつて，アメリカにおいて非行予測の研究が盛んに行なわれたが，犯罪に陥りやすいかどうかの傾向は探れても，ある1人の人間をつかまえて，再び犯罪におちいるか否かを予測することは，とうていできるものではない。

しかし，こうした人間観の争い，とくに自由意思の有無についての基本的認識が刑法理論に影響を与えていることは間違いがない。

第2章 刑法とは

―刑法を理解するについて知っておくべきこと―

第1 刑法の意義,沿革

1 実質的意義の刑法と形式的意義の刑法

　実質的な刑法は,「刑法」という名前の法律ばかりでなく(これを「刑法典」という),犯罪と刑罰が規定されている法律あるいは法条も含めて考えてよい。

　たとえば,道路交通法などにも,犯罪とされる行為と処罰規定がある。また,商法など,普通は民事法と思われる法律にも「罰則」として処罰規定があり,たとえば,会社役員の背任事件は,刑法の背任罪(懲役5年以下)ではなく,より刑の重い会社法の特別背任の罪(懲役10年以下)で処罰される。実質的に刑法としての機能をはたしている。

　これらを解釈・適用するにあたっては,これから学ぶ刑法理論が必要となる。

　これに対して,「刑法典」が形式的意義での刑法である。

2 刑法典の沿革

　明治40年(1907年)に制定された。ドイツ刑法の影響を強く受けており,戦後の日本国憲法制定の際に改正されたり,平成7年

(1995年)に口語化されたりし,また,何度か改正があったが根幹は変わっていない。

3　刑法総則の意味

　刑法典では,第1編が「総則」,第2編が「罪」と大きく2つに分かれている。このうち「総則」は,犯罪成立の条件などを規定しており,これは,実質的刑法に対しても,原則として適用される。

第2　刑法の性格

1　刑法は公法である

　法律は,民法のような私法ではなく,公法の中に分類される。
　公法と私法とを分ける基準については,いくつかの考え方があるが,私法は,私人間などの平等な「横の関係」を規定するのに対し,公法は命令,服従の,「縦の関係」を規定するものであると考えられる。
　ある者が人のカメラを盗んで売ってしまったときは,民法では,盗まれた被害者が,盗んだ者に対し,カメラの価格相当の賠償を請求できる。一方,国は,「盗んではならない」という命令に反したとして,盗んだ者を否応なく窃盗罪で処罰するのである。
　その際,賠償の責任は,あくまでカメラの額が基準になるが,刑罰は,結果ばかりでなく,動機,前科・前歴の有無など,行為者に対する非難の程度や再犯防止に必要といった角度から決められ,必ずしも一様でない。
　双方とも正義の実現も目指しているが,前者は算術的な平均的正

義であり，後者は，実質的な配分的正義で，目指す正義のあり方が違っている。

2 刑法は実体法である

 カメラを盗んだとして起訴され裁判にかけられた場合，本当に盗んだかどうかは，刑事訴訟法に決められた手続に則って審理される。そして，有罪と判断されると刑法に決められた範囲で刑罰を言い渡される。このように，裁判には，刑事訴訟法と刑法の2つが関係し，裁判は，両方の法律に従って行なわれることになるが，刑法は，裁判の手続を定める「手続法」と対比して，「実体法」と呼ばれる。

3 刑法は，裁判のための規範である

 刑法には，窃盗について「他人の財物を窃取した者は，窃盗の罪とし，10年以下の懲役又は50万円以下の罰金に処する」としか書いていない。窃盗罪とはどんな行為で，その罰はどのような刑をどの程度科してよいかしか書かれていない。結局，裁判の基準を定めたものでしかない。第一次的には「裁判規範」である。
 しかし，こうした基準を公にしていることは，一般国民に窃盗はしていけないと命じていることにもつながるので，行為規範でもある。
 行政取締りの規定では，たとえば無免許運転では，まず「運転免許を受けないで自動車を運転してはならない」と命じ，その上で，運転した場合の罰則を決めているので，行為規範であると同時に裁判規範であることがはっきりする。

4　自然犯とは、行政犯とは

窃盗をはじめ、強盗、殺人など刑法典で規定している行為は、法律を抜きにして見ても道徳的に悪いとされる行為である。これを「自然犯」・「刑事犯」という。

これに対し、無免許運転の罪のように、交通秩序維持という行政目的のために犯罪だと定められたものを、「行政犯」・「法定犯」という。

第3　刑法の機能

1　法益保護機能

刑法では、殺人を犯罪とし、最高は死刑まで科すとしている。このことは、こうした行為を禁止し、制裁を科すことによって、人の命を守ろうとしていることを意味する。

すなわち、刑法は、殺人罪を定めることで人間の生命を守り、窃盗罪で財産を守るように、一定の生活利益（法益・保護法益）を守る機能を持っている。これによって社会の秩序を維持しているのである。

2　人権保障機能

刑法は、ある特定の行為だけを犯罪とし、処罰すると定めている。このことは逆に、そういった行為でなければ、かりに不倫のように道徳的に非難され、民事で損害賠償を取られる行為であっても、処罰されることが決してないことを刑法は保障しているのである。

また、たとえば、窃盗は懲役10年以下などと決められているので、どんな高価なものを盗み、また、被害者がそのため自殺したとしても、死刑にされたり、加重事由なしに10年を超える懲役刑にされることはない。

こうした刑法の働きを、人権保障機能と呼ぶ。

第4　罪刑法定主義

1　意　義

1）　罪刑法定主義を、標語的に表現すれば、「法律がなければ犯罪はなく、法律がなければ刑罰もない」ということである。

「どういう行為が犯罪になるのか」、また、「それに対してどのような刑罰が科せられるか」といったことは、あらかじめ、成文の法律で決められていなければ、処罰されることは決してないというものである。

わが国でも、当然、採用されており、憲法31条（法定手続の保障）、39条（遡及処罰の禁止）、73条6号ただし書（罰則の政令委任は法律による―原則は国会制定の法律）が、その根拠となる。

2）　現在では当たり前のようであるが、思想的には中世の罪刑専断主義に対抗して起こったとされ、源泉としてはイギリスの大憲章（マグナカルタ―1215年）に由来するといわれる。中世にあっては、犯罪の認定と科刑は、領主とか国王ないしその代理人である裁判官の専断（恣意的な行使）に委ねられていた。

それがマグナカルタにおいて、「自由人は、その同僚の適法な裁判により、かつ国王の法律によるのでなければ処罰されあるいは財産を奪われる等の不利益を受けることはない」と規定され、それが

のちに各国に波及し，罪刑法定主義の思想形成のバックボーンとなった。

アメリカでは，諸州の権利宣言→合衆国憲法（1788年，事後法禁止，1791年，適正手続 due process 条項）といった形で明文化された。

ヨーロッパでは，フランス革命の人権宣言（1789年）→ナポレオン刑法典（1810年）といった経過をたどって採用されている。

3）　わが国では，江戸時代に，吉宗の時代になって，刑法らしきものとして，判例をまとめた「御定書百箇条」ができ（1742年），犯罪類型を細分化し，刑罰を細かく規定したりしているが，「他見有る不可（べからず）」とされ，罪刑法定主義をとっていたわけではない。

2　内容——派生原理

成文法主義，厳格解釈の要請（とくに類推解釈の禁止），遡及処罰（事後法）の禁止，明確性の原則，罪刑の均衡の5つである。

（1）　成文法主義

犯罪と刑罰は，必ず国会で制定された法律によることを要するという原則である。ただ，例外として，憲法は，行政機関の制定する政令等へ委任することを認めている（73条6号ただし書）。また，地方自治法により，地方公共団体は条例を制定することができるが，ある範囲の罰則を設けることが認められていて，迷惑行為防止条例など，現代社会では大きな機能を果たしている。

このように，法律による特定の委任があれば，犯罪と刑罰を政令，条例で定めることができる。また，この場合，犯罪構成要件の内容を政令・条例で定めるいわゆる白地刑罰法規も許されると解されている。

第4　罪刑法定主義

しかし、慣習法や条理による処罰は許されない。

また、絶対的不定期刑も許されない。ただ、少年法で定める相対的不定期刑はこれには入らない。

（2）類推解釈の禁止

たとえば、秘密漏示罪（134条）には、主体として医師や薬剤師、助産婦などが書いてある。また弁護士、公証人も書いてある。そこで、その中に、似たような職業だとして、看護師や弁理士、司法書士などを含めて解釈しようというのは、「類推解釈」であって許されないという原理である。

ただ、法の目的を合理的に解釈して、いわば「拡張解釈」することは許されないことではない。窃盗罪（235条）などの「財物」は、物理的に管理が可能なものを意味するとして電気（245条に明文がある）のみならず、火力や水力を含むと解釈されているのはその代表的な例である。他に、往来危険罪（125条）にいう「汽車」に、ガソリンカーを含むと解釈するがごときである。

犯人に有利な類推解釈は、この原則に反しない。

（秘密漏示）
第134条①　医師、薬剤師、医薬品販売業者、助産師、弁護士、弁護人、公証人又はこれらの職にあった者が、正当な理由がないのに、その業務上取り扱ったことについて知り得た人の秘密を漏らしたときは、6月以下の懲役又は10万円以下の罰金に処する。

（窃盗）
第235条　他人の財物を窃取した者は、窃盗の罪とし、10年以下の懲役又は50万円以下の罰金に処する。

（電気）
第245条　この章の罪については、電気は、財物とみなす。

（往来危険）
第125条①　鉄道若しくはその標識を損壊し、又はその他の方法により、汽車又は電車の往来の危険を生じさせた者は、2年以上の有期

> 懲役に処する。

（3） 遡及処罰（事後法）の禁止

行為時には処罰規定のなかった行為について，後に法律を作って処罰することは許されないことである。

事後に重く処罰することは許されないが，軽い刑への遡及適用には何の問題もない。

（4） 明確性の原則

通常の判断能力を有する一般人が，いかなる行為が禁止されているか，判断できないような法規は，無効であるという原理である。

ただ，「わいせつ」とか，デモの条件の「交通の秩序を維持すること」などのように，多少，価値的な評価が必要であっても，不明確とはいえない。

（5） 罪刑の均衡

犯罪の害悪に見合う刑罰が要求される。

わが国では，財産犯や汚職だけで死刑になることはない。覚せい剤取締法では無期懲役まであるが，死刑はない。

ただ，罪刑の均衡は，国家の抱える問題や，社会状況によって，一様には評価できない事柄であろう。

第5　刑法の適用範囲

> （国内犯）
> **第1条①**　この法律は，日本国内において罪を犯したすべての者に適用する。
> ②　日本国外にある日本船舶又は日本航空機内において罪を犯した者についても，前項と同様とする。
> （すべての者の国外犯）

第5　刑法の適用範囲

> **第2条**　この法律は，日本国外において次に掲げる罪を犯したすべての者に適用する。
> 　1　削除
> 　2　第77条から第79条まで（内乱，予備及び陰謀，内乱等幇助）の罪
> 　3～8　略
> **(国民の国外犯)**
> **第3条**　この法律は，日本国外において次に掲げる罪を犯した日本国民に適用する。
> 　1　第108条（現住建造物等放火）及び第109条第1項（非現住建造物等放火）の罪，これらの規定の例により処断すべき罪並びにこれらの罪の未遂罪
> 　2～16　略
> **(公務員の国外犯)**
> **第4条**　この法律は，日本国外において次に掲げる罪を犯した日本国の公務員に適用する。
> 　1　第101条（看守者等による逃走援助）の罪及びその未遂罪
> 　2～3　略
> **(条約による国外犯)**
> **第4条の2**　前2条から前条までに規定するもののほか，この法律は，日本国外において，第2編の罪であって条約により日本国外において犯したときであっても罰すべきものとされているものを犯したすべての者に適用する。
> **(刑の変更)**
> **第6条**　犯罪後の法律によって刑の変更があったときは，その軽いものによる。

1　時間的適用範囲

　罪刑法定主義から，当然，遡及処罰が禁止され，行為時法によるのが原則である。
　ただ，軽い刑に変更された場合は，軽い刑が適用される（6条）。

犯罪後に刑が廃止されたときは、なお処罰する旨の経過規定がなければ、処罰されないものと解される。

2　場所的適用範囲

罪によって、日本で犯罪が行なわれた国内犯の場合に限り適用される「属地主義」が原則である（1条）。

例外的に、日本国民が、国外で犯罪を犯した国外犯を処罰する「属人主義」をとる（3条、4条）。

また、内乱罪など一定の罪については、犯人の国籍を問わず、国外での犯罪を処罰する「国家保護主義」をとっている（2条）。

なお、国籍や犯罪地を問わず、条約によってわが国で処罰すべきだとされている場合は、わが国の刑法を適用する（4条の2）。人道に反し、人類の利益に反する行為に対しては、犯人の国籍を問わず、犯罪地を問わず、また自国あるいは自国民の利害にかかわらず刑法を適用すべきだとする「世界主義」に立つものである。

このように、犯罪の種類によって、とっている原理を異にしている。

なお、現実に裁判権を行使できるか否かとは別問題である。

第6　刑法理論

1　二筋の大きな流れ

現代の「刑法理論」すなわち、犯罪と刑罰の基本的な考え方には2つの大きな流れがある。

1つは中世の過酷で恣意的な刑罰に対するアンチテーゼとして登場した理論で、自由な市民社会と自由で理性的な人間像を前提にし

た考え方で,「古典派」などと呼ばれる。

その後,19世紀後半の大きな社会変動にともない犯罪が激増したこと,また犯罪者の中には相当の累犯者がいることが認識され,犯罪は社会環境と素質・性格の影響下にある人間が引き起こす社会現象であるとしてとらえ,それを前提に理論構成しようとする考え方が登場した。これが「近代派」である。

2 古典派と近代派

1) 古典派(旧派,客観主義,客観説)

この派の基本的な考え方は次のようなものである。

(1) 処罰の根拠

犯罪者が処罰されるのは,現に客観的な犯罪行為があったからで(徴表説に対し実在説),「罰せられるべきは行為者ではなく行為である」(行為主義)とする。

(2) 刑事責任の根拠

人間には本来理性があり,自由意思によって,理性的判断ができる(意思自由論,非決定論)のに,あえて犯罪行為に走ったことに対する道義的非難である(道義的責任論,個別行為責任,意思責任)。

(3) 刑罰の目的・性格

刑罰は,行為に対する報い・応報で(応報刑),それによって社会一般人を戒めて,社会を防衛しようとするものである(一般予防)。

(4) 刑罰の量

したがって,刑罰の量は犯罪行為に見合うもので足り,過酷な刑は不要とされる(罪刑の均衡,定期刑)。

2) 近代派(新派,主観主義,主観説)

(1) 処罰の根拠

犯罪者が処罰されるのは，現にその犯罪行為があったことばかりでなく，こうした犯罪は，犯罪行為者の反社会的性格の現れであって（徴表説），処罰は，こうした危険な行為者から社会を防衛するためであるので，「罰せられるべきは行為ではなく行為者である」（行為者主義）とする。

(2) 刑事責任の根拠

刑事責任の根拠は，人間の行動は環境と素質・性格の影響の下にあって決定されていて意思の自由はなく（決定論），犯罪を犯した点について非難はできないが，こうした危険な存在から社会を防衛する必要がある（社会防衛論，社会的責任論，性格責任論）。

(3) 刑罰の目的・性格

刑罰は，こうした行為者の反社会的性格を矯正し，再犯を防ぐことを目的とする（教育刑，特別予防）。

(4) 刑罰の量

したがって，刑罰の量も質も，行為者の反社会的程度に応じて，必要な限りということになる（不定期刑）。

3 近代派登場の意義と限界

1) 近代派は，抽象的，観念的な従来の刑法理論に，社会科学的知見を持ちこんだ点で，大きな影響を与えた。また，犯罪防止のための社会政策を国家の任務とし，刑罰の目的が矯正であり，教育であるとした点は，現在の刑事政策や行刑実務に取り入れられている考え方である。

2) たしかに，人間は自由な意思を持つといっても，素質や環境の影響下あることは否定できない。しかし，反面，こうしたものの影響を受けているとしても，完全に支配されるものではなく，や

はり自由な意思で行動しているのも真実である。

3) また,犯罪が行為者の危険性の象徴だとして,人格の危険性だけ処罰されるとすると,いわば国家による恣意的な処罰を許すことにもつながりかねない。

そこで,現在では,両派の対立は,基本的にどちらの立場に立つにしても,極端な結論の差異はなくなりつつある。

4 各学派の先駆者たち

1)「古典派」の先駆者
○ベッカリーャ（イタリヤ　1738年～94年）

ルソーの社会契約説と,モンテスキューの三権分立論との影響のもとに,「犯罪と刑罰」を著わした。
○フォイエルバッハ（ドイツ　1775年～1833年）

罪刑法定主義を唱え,「近代刑法学の父」と呼ばれている。
○ビンディング（ドイツ　1841年～1920年）

刑罰の本質を応報にあるとして,近代派の特別予防論を批判。「フォイエルバッハ以来の最大の刑法学者」といわれる。
○ベーリング（ドイツ　1866年～1932年）

「構成要件理論」を確立した。

2)「近代派」の先駆者
○ロンブローゾ（イタリヤ　1836年～1909年）

医学者で,人類学的研究から「生来性犯罪者」の類型が存在することを主張。
○フェリー（イタリヤ　1856年～1929年）

人類学的角度ばかりでなく,社会学的にも犯罪の原因を研究。犯罪人を分類して,それに応ずる個別処遇を主張。

第 2 章　刑法とは―刑法を理解するについて知っておくべきこと―

○リスト（ドイツ　1851年〜1919年）

　近代派の考え方を整理し体系化して，近代派刑法を完成。

第3章 刑法上，犯罪とは何か

第1 犯罪の法律的意義

1）法律によって犯罪とされたものが刑法の検討対象になるのである。

法律上の犯罪とは，①法律が刑罰に値するものとして規定した構成要件に該当する行為であること，②違法であること，③有責な行為であること，の3つが基本要件である。

2）すなわち，①についてみると，たとえば，不倫・姦通は，社会的ルールに反し，倫理的に非難されるものであり，民事的には違法とされる。しかし，刑罰に値するとまではされておらず，不倫・姦通罪といった犯罪はなく，刑罰を科されることはないのである。

3）②については，人を殺す行為は，殺人として刑罰に値する行為として構成要件に規定されている。まさに犯罪であると一応考えられる。しかし，死刑の執行は犯罪とはいえない。それは適法な行為であれこそすれ，法秩序に反する違法な行為ではないからである。

3）③については，駄菓子屋から勝手にお菓子を持ってくる行為は窃盗であり，店の人に，あらかじめ承諾を得ていない限り法秩序に反する違法な行為である。しかし，分別のない幼子がした場合，非難し処罰することはとうていできない。責任を負う能力がなく，有責とはいえないからである。

第2 犯罪の成立要件

刑法典の各則には、殺人、窃盗、強盗といった犯罪が規定されているが、犯罪であるためには、まずこうした行為の構成要件に当てはまること（構成要件該当性）、違法であること（違法性）、責任があること（有責性）の3つがそろわなければならない。

1 構成要件該当性

刑法は、殺人、窃盗など、社会生活上の利益を侵害し、法秩序に反する行為から刑罰に値する行為を類型的に規定する。

不倫・姦通など、素朴に考えて、いかに違法で有責であったとしても、この構成要件に該当しない限り、絶対に犯罪とはならない。

構成要件に該当する行為だけが犯罪となりうる。

2 違 法 性

法益を侵害するなど、客観的に見て、全体として法秩序によって是認されないことを違法という。

構成要件は、違法なものを類型的に取り上げている。したがって、構成要件に該当する行為は一応違法なものとみることができる。これを「構成要件の違法性推定機能」という。

しかし、現実には、暴行・傷害でも、医師による手術やボクシングの試合であったり、正当防衛や緊急避難であったりする。こうした事由があれば、例外的に違法性がなく犯罪にならないので、この事由を「違法性阻却事由」という。

3 有 責 性

一応,構成要件に該当している,違法な行為をしたとしても,分別のない子供の行為であったり,精神分裂病で妄想の結果行なったものであったりした場合(責任能力なし)や,背中にピストルを突きつけられてやむなくした行為であった場合(期待可能性なし)は,行為者を非難できない。つまり刑罰をもって責任を問えない。これらを有責性がないという。

すなわち,構成要件に該当する違法な行為があっても直ちに刑罰を科すことができるわけでなく,行為者を非難できるかどうか,さらに検討する必要があるのである。

第3 処罰条件および処罰阻却事由

犯罪が成立しても,処罰するのに一定の条件が必要であったり(「処罰条件」),一定の場合に,犯罪ではあるが処罰を免れることがある(「処罰阻却事由」)。

公務員になる前に賄賂を受け取ったような場合,現に公務員になったことが「処罰条件」である(事前収賄罪(197条2項))。

また,窃盗でも子が親の物を盗んだようなときは処罰されないが(親族間の犯罪に関する特例(244条1項)),この親族たる身分が処罰阻却事由である。したがって,裁判での判決は,有罪だが刑だけが免除されるものになる。

第4章　構成要件

第1　構成要件とは

1　構成要件は処罰できる犯罪の類型

1）　殺人罪（199条）であれば「人を殺した」と，窃盗罪（235条）であれば「他人の財物を窃取した」と，それぞれ犯罪になる行為を具体的に定めているのが構成要件である。

刑法は，こうした構成要件に当てはまる行為をした者に対して，一定の刑罰を科す旨を規定している。

2）　広く社会をみわたすと，反社会的である，反倫理的であるとされる行為は数多くある。民法や他の法律では違法とされるものもあり，また，素朴な感情からみれば違法としてよい行為や，行為者を非難してよい行為は無数にある。

3）　刑法は，そうした行為の中から，処罰に値する，処罰することによってそうした行為を禁ずるに値するものを選択して，たとえば殺人なら，パターンとして，類型的に「人を殺した」者は殺人罪を犯したとして，こうした行為を処罰の対象とすると定めている。これが構成要件である。

2　構成要件は犯罪成立の第1条件

1）　ただ，一口に殺人といっても，死刑の執行から，攻撃に対

する防衛行為や，本人に責任のない病気の結果による妄想による行為など，その具体的な態様はさまざまであり，違法とはいえても，行為者を責任ありと非難できないものなどいろいろある。

2）　そこで，現実に処罰するには，具体的に，行為がはたして本当に違法であるどうか，行為者に責任非難を加えることができるかどうか，を順次検討して，刑罰を科すことの是非につき結論を出すのである。

3）　しかしながら，犯罪であると判断するには，まずもって，この構成要件に当てはまらなかったら，いかに反倫理的行為であっても，また行為者を非難したくとも，刑罰は絶対に科すことができない。

3　構成要件は，違法行為，有責行為の類型

人を殺す行為は，社会的にみれば，悪い行為，非難されるべき行為の類型化されたものである。構成要件は，このように違法，有責行為の類型ともみうるから，この類型に入る行為は，一応は違法，有責な行為であると推定されることになる。

また，他方，この類型に入らない行為は，絶対に処罰の対象にはならないので，処罰の対象になるかどうかを明示し，保障していることにもなる。すなわち，構成要件には，「保障的機能」があることになる。

第2　構成要件の一般的内容

1　構成要件要素の類別

1）　殺人罪について考えると，殺人は，「人が（主体）」，「自分以外の人を（客体）」，「殺すつもりで（故意）」，「殺す行為をし（行為）」，「その結果（因果関係）」，「人を殺した（結果）」というように分析でき，これを「構成要件要素」という。

2）　この構成要件要素も，上記の行為の「主体」，行為の「客体」，「行為」，行為の「結果」，「因果関係」や，のちに説明する「行為の情況」などのように客観的なものと，殺すつもりのような「故意」のような主観的なものとがある。

前者を「客観的構成要件要素」，後者を「主観的構成要件要素」という。後者には，「故意」のほかに，通貨や文書の偽造等は，行使の目的があって犯罪になるのでその，その行使の目的のような「目的」や，強制わいせつ罪でのわいせつなことをしようとする気持・心情（これを「傾向」という）などがある。

3）　構成要件要素には，先の「わいせつ」のように，価値判断が必要なものがあり，これを「規範的要素」という。建造物等以外の放火罪（110条）で，それがなければ放火が犯罪にならない「公共の危険」も，同じ規範的要素である。

これに対して，殺人罪の「人」や窃盗罪の「財物」のようなものを「記述的要素」という。ただ，こういった記述的要素であっても，たとえば，「人」については，何時から人となり，人でなくなるか，始期・終期が問題になるし，財物についても，エネルギーなど，その意味するものの内容について，解釈によって明らかにする必要がある。

4) このように，構成要件は，主観的，客観的，規範的などと類別できる要素を含んで構成されている。

2　客観的構成要件要素

(1) 行　　為

1) 当然過ぎることであるが，どんな犯罪の構成要件でも，行為があることが基本である。

しかし，それが処罰の対象として考えるのであるから，反射的動作や，無意識状態あるいは睡眠状態における動作，あるいは，脅迫による絶対的強制下における動作は，ここでは外してよいと考えられる。

そこで，行為とは，「人の意思に基づく身体の動静である」と定義づけられる。

そして，この中には，あることを積極的に行う「作為」と，あることを消極的な態度にでて行なわない「不作為」とがある。これは単に体を動かすこと（挙動・運動），動かさずにいること（静止）とは必ずしも一致しない。

また，構成要件的結果を目指してする「故意行為」と，そうではないが結果が生じてしてしまった「過失行為」とがある。

2) 刑法上，そもそも人の「行為」とはなにか，一見，当然そうに見える問題についてもいろんな見解の対立がある。簡単に挙げておくと，

① 自然的行為論

物理的な意味での自然的挙動を行為ととらえる考え方。

何もしないでいる不作為は，行為ではないとせざるをえないので，この点で，批判がある。

② 目的的行為論

目的によって支配された身体の運動であると定義する説である。

犯罪の中には、過失のように、目的とは違った結果に責任を問われることがあり、この点で説明に窮する。

③ 社会的行為論

社会的に意味のある人間の身体の動静であるとする説。

「社会的意味」という漠然とした概念で、人の挙動を刑法的評価の対象にするか否かを決めるのは適当でないという批判がある。

④ 人格的行為論

人格の主体的現実化としての身体の動静であるという見解。

「主体的」とか「人格」とか、多義的であいまいな概念で定義する点で批判がある。

(2) **行為の主体**

1) 刑法の条文をみると、「……した者は……に処する」と規定している。この者は、自然人を指すものと解される。

問題は、法律によって権利、義務の主体となることを認められている法人が、犯罪行為の主体になりうるという問題がある。

法人は、結局、その組織を動かしているのは人間なので、その者を処罰すれば足りるとも考えられる。

しかし、現在では、法人が社会生活上重要な活動をしている。むしろ、端的に法人を処罰の対象にしたほうが法秩序維持に役立つとも考えられる。そこで、法人も犯罪の行為主体になりうるという見解が有力になっている。

もとより、刑法がそのまま適用されるわけではなく、両罰規定（法人等の業務に関し、従業員等が違法行為をしたときは、行為者を罰する外、その法人等に罰金刑を科する）などの特別の規定が必要であるが、法人の犯罪能力一般についても肯定説が一般化しつつある。

2) ここで重要なものに，犯罪と刑罰が，主体の身分の有無によって左右される場合がある。これを「身分犯」という。

ここにいう身分とは，一般の概念よりは広く，主体の地位または状態を指す。したがって，収賄罪（197条）の公務員のような地位ばかりでなく，横領罪（252条）の他人の物の占有者や，偽証罪（169条）の法律により宣誓した者なども，ここにいう身分である。

そして，この身分犯には，収賄罪の公務員のように，身分がなければ犯罪にならない「真正身分犯」と，常習賭博罪（186条1項）の常習者のように，身分により刑が異なる「不真正身分犯」とがあり，共犯の成否や処理にあたり，重要な要素となる。

(3) 行為の客体

殺人罪（199条）の構成要件では「人」，窃盗罪（235条）では「他人の財物」など，行為の向けられた対象が行為の客体である。

客体と保護法益とは同一ではない。保護法益とは，そうした行為を処罰の対象にして守ろうとする，法によって保護しようとする利益である。

たとえば，公務執行妨害罪（95条）では，行為の対象すなわち客体は，公務員であるが，保護法益は公務員の担っている公務である。

また単純逃走罪（97条）のように，行為の客体はないとしても，国権による拘禁作用という保護法益の侵害はあるのであって，保護法益のない犯罪はない。

(4) 行為の結果

1) 殺人罪でいえば人が死ぬこと，窃盗でいえば他人の財物の占有を奪うことである。そうした結果を現に起こしたか，起こそうとしたかを構成要件の内容にしている犯罪が多い。そこで，これらを「結果犯」という。

2) 他方，住居侵入罪（130条）や偽証罪（169条）のように，結

果を必要とせず、挙動・行為だけがあればよい犯罪もある。これを「挙動犯」・「単純行為犯」という。

3) 殺人のような犯罪では、故意の内容としての結果の発生が、構成要件要素となっているが、特殊な形態として、基本的構成要件行為から、重大な結果を発生させた場合に、それをもって重い刑を科することにしている犯罪がある。

たとえば、傷害致死罪（205条）のように、傷害罪（204条）を犯して、死亡という重い結果を発生させたときは、それにより、より重い刑を科すこととしている。これを「結果的加重犯」という。

この場合、重い結果について故意がないのであるが、行為との因果関係のほかに、過失が必要かについては論議があり、判例は不要としている。

(5) 因果関係

結果を必要とする犯罪（結果犯）については、行為と結果との間に「前者がなかったら後者はなかったであろう」などといった一定の結びつきが必要である。

こうした関係、すなわち、因果関係の有無の評価判断については、単純な前者がなかったならば後者はなかったといった単純な条件関係で足りるかについては論議があり、改めて後述する。

(6) 行為の情況

構成要件によっては、行為が一定の情況の下になされることを要件にしている場合がある。たとえば、消火妨害罪（114条）における「火災の際」などがそれである。

3　主観的構成要件要素

この要素は、行為者の内心に関するもので、その存在は、外見上

は直接認識できず，本人の供述や間接的な証拠から推認するほかないものである。

(1) 故意，過失

「故意」とは，「罪を犯す意思」(38条1項)のことで，犯意ともいい，殺人の場合は殺意ともいう。

すなわち，前述の客観的構成要件要素，すなわち，その存在が外見上認識できる，構成要件に該当する事実を認識し，認容していることをいう。

原則として犯罪は故意がなければ成立しない(38条1項本文)。

例外は，過失犯や傷害の結果致死罪などの「結果的加重犯」で，別に構成要件を定めてこれを処罰することとしている。

過失犯の「過失」とは，客観的な注意義務に違反して，客観的構成要件要素に該当する事実の認識を欠いていることであり，過失犯は，その結果，構成要件的結果を惹起させる犯罪をいう。

(2) 目的犯における目的

故意のほかに，特別な目的が必要とされる場合があり「目的犯」という。

たとえば，通貨偽造罪や文書偽造罪などにおける「行使の目的」(148条，155条)や，営利誘拐罪などの営利の目的(225条)などである。

(3) 傾向犯における傾向など

「傾向犯」では，強制わいせつ罪(176条)が代表例である。婦女を脅迫して裸にしたとしても，その目的が性的な意図ではなく，恨みを晴らすためにした場合には同罪は成立しない。すなわち，「性的興味や欲望を満たす」といった，特定の気持・心情(心理的傾向)が必要なのである。

同じように一定の心理状態が必要とされているものに，「表現犯」

がある。偽証罪（169条）が代表例で、客観的に間違った事実を述べたとしても、「記憶とは違った事実をあえて述べる」といった心理状態が必要な犯罪である。

第3　構成要件の形態

1　対比的・特徴的な諸形態

「故意犯」と「過失犯」、それに「結果的加重犯」のように、構成要件には、対比できるいくつかの形態がある。

まず、身分が構成要件となっているものに「身分犯」があり、これには、身分が犯罪成立の要件となる収賄罪（197条）のような「真正身分犯」と、刑が異なる常習賭博罪（186条1項）のような「不真正身分犯」とがある。

また、行為の結果発生が構成要件要素される「結果犯」と、それが要素ならず挙動・行為だけで構成要件が充足される、偽証罪（169条）、住居侵入罪（130条）のような犯罪がある。「挙動犯」・「単純行為犯」がそれである。

しかし、さらに、次のような対比ないし特徴的な諸形態がある。

2　侵害犯、危険犯、形式犯

1）「侵害犯」とは、殺人罪、窃盗罪のように、現に保護法益を侵害することが構成要件となっているものである。これに対し、法益侵害の危険性があれば犯罪が成立するとされるものがある。これを「危険犯」といい、通貨偽造罪（148条）がその例である。

2）放火罪は、危険犯であるが、非現住建造物放火（109条2

項）のように具体的・現実的に法益侵害の危険を必要とする「具体的危険犯」と、現住建造物放火罪（108条）のように、その行為自体、危険の発生を擬制している「抽象的危険犯」とがある。

3） 構成要件上、保護法益に対する侵害や危険発生を必要としないものがあり、これを「形式犯」という。対比して、侵害犯と危険犯を実質犯と呼ぶこともできる。形式犯の例では、無免許運転、酒気帯び運転の罪のようなものが挙げられよう。取締規定ではよくみられる構成要件である。

3 即成犯、状態犯、継続犯

1） 殺人などのように、犯罪が終了すると同時に法益が消滅する場合を「即成犯」という。

2） 窃盗などのように、犯罪終了後も違法状態は続くが、当該構成要件によって評価され、犯人が盗品を処分しても別罪を構成しないものがある。これを「状態犯」という。そして、事後の処罰できない行為を「不可罰的事後行為」という。ただ、不可罰であるのは、当該構成要件が予想・予定して、包括して評価している場合であって、盗んだカードを使って、現金を引きおろしたり、買い物をしたりすれば、別に犯罪が成立する。

3） 逮捕監禁罪（220条）などのように、法益侵害が継続するあいだは、犯罪が終了しないものを「継続犯」という。刑事訴訟法上、公訴時効の起算点が、即成犯や状態犯と異なってくる点で重要である。

4 結合犯

 強盗罪（236条1項）を分析すると，「暴行又は脅迫を用いて」「他人の財物を強取」するので，暴行罪または脅迫罪と，窃盗罪とが結合されて1つの構成要件が作られているとみることができる。これを「結合犯」という。
 結合犯も，あくまで1つの構成要件であるのであって，強盗目的で暴行を加えたが，財物強取行為に至らなかったとしても，強盗罪に問擬され，その未遂になる。
 さらに，強盗強姦罪（241条）のように，強盗罪の上に，強姦罪が結合された形態もある。この場合，同罪の既遂・未遂は強姦の成否によるのであって，強盗の既遂・未遂によるのではない。結局，構成要件の解釈に帰着する。

第4 構成要件に該当する行為（実行行為）

1 実 行 行 為

 構成要件に該当する行為が「実行行為」である。条文上，「犯罪の実行」（43条，60条，61条など）といっているのが，これである。
（1） 予備，陰謀
 「予備」とは，実行行為に至らないが，その準備をする行為をいう。
 「陰謀」とは，2人以上の者が犯罪をしようと謀議することをいう。
 こうしたことだけで，実行行為に出なければ処罰されないが，例外的に重大な犯罪では処罰されることがある。
 予備では，殺人予備罪（201条），強盗予備罪（237条）などで，数は少なくない。

陰謀では，内乱の予備・陰謀罪（78条）がその例である。
（2） 実行の着手
1） 実行行為を開始することである。これを境に犯罪は予備と未遂に分かれる。

2） 着手の時期を，基本的にどう捉えるかについては，学説の対立がある。

① 主 観 説

犯意が外部的に明確になった行為があった時点で着手があったと認めてよいという考え方で，犯意を基準として考える立場である。

② 客 観 説

法益侵害惹起の実質的な危険性のある行為があって，はじめて着手と認める考え方で，客観的行為を基準として考える立場である。

3） 客観説が通説であるが，具体的には，各構成要件の解釈，事実の評価に帰着する面が大きい。

たとえば，住居侵入・窃盗の場合は，住居に侵入しただけでは窃盗の着手はなく，住居侵入罪だけが成立し，ここで逮捕されても窃盗未遂ではないであろう。しかし，侵入した場所が商品倉庫で，商品を盗もうと侵入したのであれば，侵入行為段階で窃盗の着手ありと認めてもよいであろう。結果発生の具体的危険性があるからである。

（3） 実行の終了
犯罪の実行行為を終えたことである。

殺人で銃を一発発射して逃げた場合，発射行為が終えれば実行は終了したことになる。この弾丸がそれて当たらなかった場合や，当たってとしても，死亡の結果が生じなければ未遂である。弾が当たったとしても，死亡の結果が何カ月か後であれば，既遂は，死亡の時点になるので，実行終了と既遂・未遂とは異なるものである。

第4　構成要件に該当する行為（実行行為）

2　不作為犯

(1)　典型例

「作為犯」とは，ある行為をするという，積極的な動作によって，構成要件所定の行為をすることである。

殺人罪であれば，「人を殺してはならない」という禁止規範に反して，「人を殺す」という積極的な動作（作為）をすることであるといえよう。

これに対し「不作為犯」とは，ある行為をしないという消極的動作によって，犯罪を行なうもので，その典型的犯罪である不退去罪（130条後段）では，「要求を受けたら退去しなけばならない」という命令規範に違反して，「退去しない」という消極的動作（不作為）にでるものである。

(2)　不真正不作為犯，真正不作為犯

1）　殺人のような作為犯を，不作為で行なうことも考えられる。たとえば，母親が乳児を殺そうとして，授乳をしない（不作為），といったケースである。これを「不真正不作為犯」という。これに対して，不退去罪のように，構成要件の内容が不作為である犯罪を，「真正不作為犯」という。

2）　不真正不作為犯は，作為犯を不作為によって行なうのであるから，授乳をしなければならない母親などのように，特別に作為義務（結果発生の防止義務）がある場合に限って成立する。

このような作為義務の発生原因としては，次の3つがある。

①　法令にもとづく場合

母親の授乳義務のような，監護義務（民法820条）や夫婦間の扶助義務（民法752条）などである。

②　契約などの法律行為にもとづく義務のある場合

看護を依頼された者が、ことさらその義務を怠ったようなケースである。

③　先行行為など、条理、慣習にもとづく場合

たとえば、まちがって灯明用の火のついたろうそくを倒したが、火事になることが分かっていてあえて放置したような場合である。

3)　道路交通法では、交通事故を起こした者に救護義務を課し、この懈怠を犯罪としている（道交法117条、72条1項）。これは、先行行為である過失によって結果を発生させた者に、いわば元来は条理上の義務を、法令上の義務として課し、真正不作為犯としたものとみることができる。

4)　ところで、このような不真正不作為犯における作為義務は、それが可能である場合に限って義務違反となる。不可能ないし容易でない場合は、作為義務は発生しないので、犯罪にはならない。

たとえば、人が池に落ちたのをすぐ傍らで見た者には、条理上、救護義務があるであろうが、救助する適当な手段がなく、自らにもその能力がなくて仕方なく溺死させたような場合は、かりに死に対する認識があっても殺人罪とはならないであろう。

3　間接正犯

1)　行為者が、他人の行為を利用して、犯罪を行なう場合がある。共同正犯、とりわけ共謀共同正犯では、直接行為をしているのは共犯者であり、また教唆の場合教唆を受けたものが行為にでている点で類似するが、被利用者が、犯罪行為をしたとして処罰されない点で相違がある。このように、いわば、他人を道具として犯罪を行なうことを「間接正犯」という。

2)　間接正犯には次のような場合がある。

第4　構成要件に該当する行為（実行行為）

①　被利用者の行為が刑法上の「行為」といえない場合

たとえば，判断能力のない幼い者に行為をさせたり，高度の精神病者や脅迫などして絶対強制下に置いた人間に犯罪をさせたりする場合である。

②　被利用者に故意が欠けている場合

たとえば，医師が情を知らない看護婦を利用して，毒物を注射させて患者を毒殺するような場合である。

③　目的犯において，被利用者に故意はあるが目的が欠けている場合

たとえば，教材に使うといって，行使の目的のない印刷業者に偽札を作らせる場合である。

3）　ところで，間接正犯については，何時，犯罪の実行の着手があったかについては，利用行為をしたときか（「原因行為」），利用者が実行行為とみられる行為（「結果行為」）をしたときかについて議論がある。②でいえば，看護師に毒物注射を命じたケースでは，命じた時点か，看護師が注射をしようとしたときかの違いである。

また，よく問題になるのは，毒物を郵送して殺人をしようとした場合で，殺人行為の着手は発送したときか，配達人が配達した時点なのか，といった点である。到達しなかった場合でも殺人未遂で処罰されるか，殺人予備罪にとどまるのかといった問題である。この点，古い判例は，看護婦が注射をした時点，配達人が配達したときであるとしている。しかし，その前の段階で，実行行為としては終わっており，あとは，事柄の進行にゆだねてしまっているので，着手ありとする見解もありうる。ただ，利用行為の段階で結果発生の具体的危険が発生したといえるか疑問もあり，結局は，構成要件と事実の，解釈・認定によるのであろう。

第4章 構成要件

4 原因において自由な行為

1） わざと責任能力のない状態になって、犯罪を行なうことを「原因において自由な行為（アクチオ・リベラ・イン・カウザ）」という。

複雑酩酊など、酒に酔って、理性が全くない状態では、人を殺しても、「責任能力がない」として無罪になる。そこで、自己のこうした性癖を利用して人殺しをしようと、わざと酒を飲んで行為にでたというような、責任能力のない自分を利用する行為をいう。間接正犯の、①形態に類似しているので、同様に処罰しようという考え方である。

2） ただ、これについては、いくつかの難問がある。

まず、実際の行為当時は責任能力がないので、刑法における「行為と責任の同時存在の原則」との関係をどう理屈づけるかである。

また、実行行為につき、飲酒の段階で着手があったとすると、先の例で、飲酒が殺人の実行行為とみることが可能か疑問である。かりに実行の着手があったとすると、酔いつぶれて寝てしまったとき、殺人未遂として処罰することになるが妥当であろうか。

結局は、事実の評価にかかる部分が大きいと思われるが、事実認定としても、飲酒行為を、実行の着手として評価できるだけの、結果発生の具体的危険性を認められる場合があるか疑問であり、予備とみることにも無理があろう。

3） ただ、こうした事象を放置しがたいという、素朴な感情もあって、いくつかの理論が提案されている。しかし、なんらか処罰する方向は一致するものの有力説といえるものはないのが現状である。

ただし、処罰の方向は一致しており、判例も、基本的に、処罰原

理としての「原因において自由な行為」を採用している。具体的ケースとしては，薬物の濫用の結果引起した傷害致死について，薬物使用の段階で，自己の暴行癖への認識から，未必の故意による実行の着手を認めた事例がある。

　4）　過失犯については，飲酒行為に行為性を認めることは，故意犯に比較すれば容易であろう。

第5　因果関係

1　刑法における因果関係の意味

　結果犯では，実行行為と結果との間に，「前者（実行行為）がなかったならば後者（結果）が生じなかったであろう」関係が，まず，必要である。これを因果関係という。「あれなければ，これなし」といった関係である。

　しかし，このような関係は，広く一般的にみられる関係であるが，刑法の世界では，ときにはシビアな問題となる。

　たとえば，人を殺そうと切りかかったが小さな怪我を与えるにとどまった。しかし，被害者が，病院に行く途中で交通事故にあって死んでしまった。意図したとおり，死亡という結果は生じた。しかも，加害者が切りかからなければ被害者は病院に行くこともなく，交通事故にもあわなかったであろう。前者がなかったら，後者はなかったという関係はある。しかし，加害者を，殺人の未遂としてならともかく，既遂として，処罰するのはおかしいであろう。

　また，怪我は小さかったが，持病があって，持病がなければ助かったのに死んでしまったような場合はどうであろうか。判断に迷うところである。

第4章　構成要件

2　刑法における因果関係

1）　因果関係に関しては，刑法理論上，大きく分けて「条件説」と，「相当因果関係説」とがある。

① 条 件 説

上記のような「あれなくばこれなし」の関係（「条件関係」という）があればよいとする考え方である。

判例は，基本的にこの考え方に立っているとみられるが，処罰の範囲が広がりすぎるとの批判がある。

そこで，他人の行為あるいは予期せぬ事柄が途中に入って結果が生じた場合には，因果関係の中断・断絶を認めて妥当な因果関係の範囲を画そうとする。しかし，因果関係は，「あるか，ないかである」として，中断を認めることにも批判がある。

② 相当因果関係説

そこで，社会生活上の経験に照らして，通常その行為からそうした結果が生ずるのが「相当」と認められる場合に限って因果関係を認める考え方が登場する。

先のような，小さい怪我をさせたところ，途中，交通事故で死亡したケースでは，怪我をさせなければ交通事故にあうこともなく，死亡という結果も発生しなかったという意味で，条件関係はあるが，それは，社会生活上の経験上通常の事態とはいいがたいので因果関係はなく，したがって，死の結果については，既遂としての責任は負わせないという考え方である。

2）　②の相当因果関係説にあっても，どのような事情を基礎に，どのような立場で，判断するかで，さらに，見解が分かれる。一方は，行為者の当時，行為者が認識していた事情と認識しえた事情を基礎に判断する「主観説」と，その当時，客観的存在していた事情

は，事後に判明した事情を含めて判断材料とする「客観説」と，それに一般人が認識し，認識しえた事情と，行為者がとくに認識・予見していた事情をもとに判断する「折衷説」とがある。

 2） この「折衷説」が有力な見解とみてよいであろう。

加害者の与えた怪我は小さいが，被害者の持病あるいは特異な体質が重なって死亡した場合は，客観説の立場では，因果関係が肯定されよう。他方，主観説，折衷説の立場では，とくに行為者が知っていた場合にのみ因果関係が認められ，一般的には，因果関係を否定することになろう。

第6 不 能 犯

1 その概念

 1） およそ結果発生の可能性・危険性がない行為は，構成要件要素たるべき行為といえず，これを不能犯という。

たとえば，人を殺そうとして，いわゆる「丑の刻参り」などは，かりに死亡という結果が生じていても，殺人罪に問擬されることはない。祈禱とか祈りなどは，およそ殺人にふさわしい殺傷の危険性ある行為ではないからである。

 2） しかし，結果発生の可能性・危険性がなければ，つねに不能犯であるとしてよいか問題である。

たとえば，殺人のため，部屋に爆弾を投げこめば立派な殺人行為である。しかし，その部屋には狙った相手が居なかったため，結果が発生しなかったとしたら，どうであろうか。犯人の認識では相手が居るか，少なくともその可能があると信じていたことを前提にすれば未遂として処罰してよいであろう。他方，客観的にみれば殺人

の結果発生の可能性は全くないので不能犯であるともいえる。

不能犯と未遂犯との関係は、このように、ケースによっては微妙である。

2 結果発生の危険性とは

1) およそ結果発生の可能性・危険性がなければ不能犯であるとして、その判断基準をどのように立てるべきであろうか。

考え方としては、大雑把にみて3つある。

1つは、犯意の存在とその発現を重視する立場、あるいは行為者の行為当時の認識を重視する考え方である。こうした立場をとれば、結果発生の危険性を否定する場合はほとんどない。

さすがに丑の刻参りのような、迷信犯は不能犯とするが、その根拠は明確ではない。

2つめは、客体または手段の性格上、一般的、自然科学的見地から、およそ結果発生の可能性のない、「絶対的不能」の場合が不能犯であって、具体的事情で不能となった「相対的不能」の場合を未遂だとする考え方がある。

判例のとっている考え方で、迷信犯が不能犯であることは明確になるが、絶対的か相対的か判定基準が明確でないうらみがある。

3つめの、現在、有力な考え方は、因果関係の判断における「折衷説」的な考え方と同様な判断基準で、結果発生の可能性・危険性を判断する議論である。

すなわち、行為当時、一般人が認識し、認識可能であった事情と、行為者がとくに認識していた事情を基礎に、行為の客体と手段からして、結果発生の可能性・危険性がない場合を不能犯、ある場合を未遂とするのである。

2) この問題は，行為の評価として，実行の着手で考えたと同様，法益侵害惹起の実質的危険性があるかどうかの問題でもある。したがって，一般的に，人の住む部屋に爆弾を投げこめば人を殺傷する可能性がある。したがって，とくに行為者がだれもいないことを認識できた状況下での行為であれば不能であるが，そうでない場合は未遂となる。

3) 法益発生の危険性のないことを知っていれば，構成要件的故意を欠くことにもなるであろう。そこで，不能犯というにふさわしい行為は，たとえば，明白に人でないと分かるのに，人と誤信して銃撃したり，砂糖で人が殺せると思ってこれを飲ませたりする，客体および手段について誤信があったケースが挙げられることになろう。

第5章 違　法　性

　刑法の構成要件に該当すると判断された行為については，次にこれが果たして違法であるかどうかを吟味し，検討することになる。

第1　違法性の意義，本質

1　違法性とは

　違法性とは，行為が法益を侵害するなど，客観的にみて全体として法秩序に反することをいう。法律上許されないという否定判断である。
　法的な無価値判断であるとも表現される。
　この，「無価値」というのは，ドイツ語の Unwert の訳で，価値がない，無意味といった，単に消極的な評価ではなく，「許されないこと」という積極的な否定的評価である。

2　実質的違法が違法である

　違法とは，形式的に法規に違反することではない（これを「形式的違法性論」という）。もちろん，法規に反していることが前提であるが，単に法規に違反しているからといって違法であるとは限らず，実質的観点から，さらに検討してみる必要がある。こうした考え方を「実質的違法性論」という。

たとえば，医師以外の者による手術行為は，医師法に反する行為で違法であるが，その傷害罪の成否は，たとえば，緊急の際の処置のように，社会的相当性の観点から違法性が否定される場合もある。

3 行為無価値論，結果無価値論

では，その実質的違法において，なぜ「許されない」と判断するかについて，「結果無価値論」と，「行為無価値論」との対立がある。結果無価値論は，法益の侵害またはその危険性（これを結果という）が，法秩序に照らし許されないからであるとする考え方である（法益侵害説）。結果が違法判断の重要な要素であることは間違いないであろう。

これに対し，違法か否かは，行為の態様，行為者の意図・目的，結果などを，全体的・総合的にながめて，社会的な倫理規範に反するかどうか，社会的相当性を逸脱しているかどうかによって判断すべきだという考え方があり，「行為無価値論」あるいは「規範違反説」という。同じ人の死という重大な法益侵害の結果が発生しても，故意と過失では，同じ許されない行為だとしても，その程度には大きな差異がある。したがって，法益侵害の事実あるいはその大小だけでは違法性を決定できず，行為全体を吟味する必要があるという考え方である。

刑法35条が，「法令又は正当な業務による行為は，罰しない」と規定しているが，このうち，後段は，業務のみに限らず，「正当な行為」一般の違法性を否定する趣旨と解され，行為無価値論を根拠づけているとする見方ができよう。

4 「許された危険」

法益侵害の危険性のある行為であっても，社会的な効用が高い場合は，違法性が否定される場合がある。

たとえば，自動車，電車などの高速度交通機関をあげれば容易に理解できるが，その他工場などは，ある程度の危険性をはらむ行為である。これらについては，社会的有用性と危険性のバランスで違法性を考えざるをえない。

これが「許された危険」論である。医師の行なう外科手術ももとよりそれなりに注意を払うことが条件となるが，同様であろう。

5 可罰的違法性論，超法規的違法阻却

刑法には，正当行為（35条），正当防衛（36条），緊急避難（37条）など，違法性が阻却される場合が，法によって規定されている。

しかし，こうした，明文の違法性阻却事由に該当しなくとも，その被害が軽微で，法益侵害の程度からみて処罰に値しない（可罰性がないという）と判断されるケースがあってその観点から違法性が否定される。こうした観点を一般化した議論が「可罰的違法性論」で，被害法益が軽微ないしはわずかな過剰であれば違法性を阻却される場合があると説く。

また，その行為の社会的相当性から，違法性を否定すべき行為がありうるとする論議も有力で，医療行為，被害者の承諾，安楽死，推定的承諾，争議行為などについて，違法性が阻却され，正当化できる場合があると説く。

安楽死などについては悩ましい問題があり，また，争議行為をめぐっては，違法性の有無が争われてきた，かなりの歴史上の事例が

第5章 違 法 性

ある。

いずれにせよ,明文のないこれらの事由は,超法規的に違法性を阻却し,正当化する事由として論じられている。

第2 違法性阻却事由

> (正当行為)
> **第35条** 法令又は正当な業務による行為は,罰しない。
> (正当防衛)
> **第36条**① 急迫不正の侵害に対して,自己又は他人の権利を防衛するため,やむを得ずにした行為は,罰しない。
> ② 防衛の程度を超えた行為は,情状により,その刑を減軽し,又は免除することができる。
> (緊急避難)
> **第37条**① 自己又は他人の生命,身体,自由又は財産に対する現在の危難を避けるため,やむを得ずにした行為は,これによって生じた害が避けようとした害の程度を超えなかった場合に限り,罰しない。ただし,その程度を超えた行為は,情状により,その刑を減軽し,又は免除することができる。
> ② 前項の規定は,業務上特別の義務がある者には,適用しない。

1 違法性の推定

構成要件は,法秩序維持の観点から,許されないとして刑罰を加えようとしている行為の類型である。したがって,構成要件に該当する行為は一応違法とみることができる。これを構成要件の「違法性推定機能」という。

しかし,あくまで一応の推定であって,推定を破るに足りる事情があれば推定は覆すことができる。こうした事情を,「違法性阻却

事由」,「正当化事由」という。

2 違法性阻却事由

　違法性阻却事由には，緊急行為と正当行為とがあり，それぞれにつぎのようなものがある。この中には，刑法に明文のあるものと，理論上，超法規的に認めるべきものとがある。

　　ア　緊急行為
　　　　正当防衛（36条）
　　　　緊急避難（37条）
　　　　自救行為
　　イ　正当行為
　　　　法令による行為（35条前段）
　　　　正当業務行為（35条後段）
　　　　超法規的な正当行為
　　　　　　治療行為
　　　　　　被害者の承諾
　　　　　　安楽死・尊厳死
　　　　　　推定的承諾
　　　　　　争議行為

第3　緊急行為

1　正当防衛

(1) 意　　義

　急迫不正の侵害に対して，自己または他人の権利を防衛するため，

第5章 違法性

やむを得ずしてした行為をいう（36条1項）。すなわち，のちの緊急避難と対比すると「不正に対する正」の関係にあるのが特徴である。

ただし，法秩序の侵害の予防や防衛は，本来は国家の責務なので，それが期待できない場合の例外的なものである。

(2) 要　件

ⅰ　急迫不正の侵害

「急迫」とは，侵害が現にあり，あるいは間近に差し迫っていることをいう。

「不正」とは，違法なことである。客観的に違法であればよく，精神病者や責任能力のない子供による侵害でも，正当防衛が成立する。

ⅱ　防衛意思

自己または他人の権利を「防衛するため」にした行為であることが要件であるから，防衛するという意思が必要である。こうした「防衛意思」があれば，憤激や憎悪の感情があっても，ゆえなく攻撃を受けたとすればこうした感情を抱くのは通常であろうし，防衛意思と両立しうるものであろう。

防衛意思がなくて人を殺したが，偶然，相手も拳銃で自分を狙っていたような，いわゆる「偶然防衛」は，正当防衛ではない。

ⅲ　行為の必要性・相当性

「やむを得ずにした」とは，具体的事情のもとで，防衛行為が，侵害排除・法益防衛のために，必要にして相当なものであることである。

法益保全の手段として必要最小限度であるべきだが，緊急避難とは異なり，法益の均衡や，ほかにとるべき手段がなかったという補充性などは要求されない。

逃げれば避けることができたとしても，ことさら臆病な態度をと

る必要はなく、勇気ある行動も正当防衛は認められる。ただ、やむをえず反撃に出たという事情は必要であろう。

しかし、ことさら相手に大きなダメージを与えたりしたとしたら（「過剰防衛」）、「やむを得ずにした行為」とはいえないであろう。

（3） 過剰防衛

正当防衛とはならないが、情状によって、その刑を減刑ないし免除することができることとされている（36条2項）。

（4） けんか闘争

けんかの場合、急迫性や防衛意思を欠くので原則として、正当防衛にならない。ただし、状況にもよりけりで、殴り合いの最中に相手が刃物を持ち出したような場合は、正当防衛が認められる可能性が十分ある。

2 緊急避難

（1） 意　義

自己または他人の生命、身体、自由、または財産に対する現在の危難を避けるため、やむを得ずにした行為をいう（37条1項）。先の正当防衛と対比すると「正対正」の関係にあると特徴づけられる。

（2） 要　件

ⅰ　現在の危難

自己または他人の生命、身体、自由、または財産に対する現在の危難があることが必要で、「現在」とは、正当防衛の急迫と同様に、危難が現にあり、あるいは間近に差し迫っていることをいう。

ⅱ　避難意思

危難を避けるためであることが必要である。したがって、正当防衛と同様に、「避難の意思」が必要である。

ⅲ 補充性・法益の均衡

「やむを得ずしてした行為」とは，危難を避けるために，必要であり，他に方法がないことをいう。他に方法がないことが要求されることを「補充性の原則」という。

また，避難行為から生じた害が，避けようとした害の程度を超えない，「法益の均衡」が要求される。

これは，守ろうとした法益も，犠牲とされる法益も，正当な利益であるから，条理上，とるべき手段も抑制的でなければならず，被害も最小限であることが要求される結果である。

(3) 業務上特別な義務ある者の非適用

警察官，消防士など，危難に立ち向かう義務のある者については，適用がないとされる（37条2項）。

もっとも，その義務を尽くした上であれば別であろう。

(4) 過剰避難

「補充の原則」に反したり，「法益の均衡」を破ったりした場合は，違法性は阻却されない。ただし，情状により刑が減刑され，免除される（37条1項ただし書）。

3 自 救 行 為

窃盗犯が，財物を持って逃走中であるのを，被害者が追跡して取り戻すような行為をいう。窃盗犯が，これに抵抗して，暴行や脅迫をすれば強盗になる（事後強盗238条）。

ただし，広くこうした行為を認めると，とりわけ民事的紛争にあっては，強いもの勝ちということになり，法秩序が乱れるもとになるので，その緊急性，手段の必要性・相当性は，厳格に検討されなければならない。

第4 正当行為

1 法令による行為（35条前段）

　法律・政令その他の成文法規にもとづいてなされる行為をいう。刑務官による死刑執行が，これに該当する典型例である。

2 正当業務行為（35条後段）

　社会通念上正当と認められる行為である。医師の手術などのほか，ボクシングや相撲など，スポーツも，傷害や暴行という構成要件に該当するが，違法性が阻却されるので，この中に入れられよう。

3 超法規的な正当行為

　医師資格がない者の緊急医療行為，安楽死・尊厳死，MS行為などの被害者の承諾，留守宅への火事の際の緊急立入りに際しての推定的承諾，争議行為にともなう実力行使，などにおいて，違法性がはたして阻却され，正当とされるか，その可否およびその要件に関し，複雑で興味ある問題が内在する。

第6章 責　　任

第1　責任の意義

1　非難可能性

　責任とは，構成要件に該当する違法な行為をした者に対し，そうした行為をしたことについて，非難することができること，すなわち「非難可能性」を意味する。したがって，行為者には，非難が可能であるだけの能力（「責任能力」）が前提となってくる。

　行為者のした行為が，構成要件に該当して違法と評価された場合，次に行為者を非難できるかを判断することになる。そして，非難ができる場合にのみ，刑罰を科すことになる。「責任なければ刑罰なし」は，刑法の大原則で，処罰に至る第3のクリアすべき要件である。

2　行為と責任の同時存在の原則

　上の刑法の大原則に従えば，行為と責任とは，同時に存在しなければならない。しかし，薬物を使うなどして，自己を責任能力のない状態にして殺人をしようとする「原因において自由な」行為について可罰性を認めようとすると，薬物使用というそれ自体，殺人とはみられない行為段階で，実行の着手を認めなければ，この原則が貫徹できず，論議があるところである。

第6章 責任

第2 責任の本質

学派の対立

責任の本質に関しては，学派により基本的な対立がある。

(1) 道義的責任論

客観主義（旧派，古典学派）を前提にする考え方で，責任は，自由意思を前提にした道義的・倫理的な責任であるというのである（「道義的責任論」）。すなわち，人間には，元来，自由意思があって，自由意思にもとづく選択として，犯罪を行なったのであるから，この者には，道義的・倫理的な非難を加えることができるというのである。

行為者を非難し，悪業に対する応報として，刑罰を与え，それによって犯罪を抑止しようという思想である。

自由意思が前提なので，責任能力が当然に必要とされることになる。

(2) 社会的責任論，性格責任論

これに対し，主観主義（新派，近代学派）の考え方では，人間には自由意思などはなく，犯罪行為は，環境と性格の必然的産物であるという前提に立つ。責任を問い刑罰を科すのは，社会にとって危険な性格の持主だからであって，責任は，危険性の大小，社会防衛の必要性，教育・矯正の適性であると割り切るものである。これが「社会的責任論，性格責任論」である。

人間には，元来，自由意思はなく，性格の危険性のみが問題なので，責任能力は問題にはならない。

(3) 規範的責任論

人間に完全な自由意思があるかは別として，違法行為を避け，適

法行為にでることは期待できるとし，こうした規範に反した行為にでた場合には非難が可能であると論ずるもので，現在では有力な考え方となっている。この「規範的責任論」では，法の評価規範に違反することを違法とし，規範の求める，禁止あるいは命令に反することを，責任非難の根拠とするのである。

故意では，直接的な禁止，命令規範に違反しようという直接的な反対動機にもとづいて行動するので，非難可能性が高くなる。これに反し，過失では，間接的な規範違反しかない点で，非難可能性は低くなる。いずれにせよ規範違反という共通概念で責任をとらえようとするものである。

(4) 古典派と近代派の止揚

何度処罰しても犯罪を繰り返す，累犯者，常習犯の存在は，近代派の抱く人間観・犯罪者観が，古典派の前提とする完全に自由な意思ある人間観に対し説得力を持つことはいなめない。

そこで，古典派の中でも，人格形成責任論や性格論的責任論で，責任を理由づけようとする試みがあり，有力な見解となっている。

(5) 道義的責任論と規範的責任論

ただ，純然たる社会的責任論は，責任能力を前提としている，現行刑法とはなじまないものであろう。

現在，有力な考えは，道義的責任論ないし，それを発展させた規範的責任論である。

両者の差は，純然たる道義的責任論では，犯罪事実を認識・認容した，あるいは，その認識・認容をしなかった，という心理的側面を重視し，これを責任形式としたため，故意責任と過失責任とが統一して把握できないものであった。ただ，「違法性の意識」の有無が，故意と過失を分けるものだとし，違法性の認識の可能性が責任原因として問題とされていた。

第6章 責　　任

　これに対し，規範的責任論は，両者は，故意は直接的に，過失は間接的に，いずれも規範に違反しているから非難可能なのだとする点で，故意・過失を共通な責任形式として把握できるとする特質がある。

　さらに，規範的責任論では，規範にしたがい適法行為に出ることが不可能であれば非難できないので，故意，過失に加えて，適法行為の「期待可能性」がさらなる責任要素に加わってくる点で違いがある。

第3　責　任　能　力

> **（心神喪失及び心神耗弱）**
> **第39条①**　心神喪失者の行為は，罰しない。
> ②　心神耗弱者の行為は，その刑を減軽する。
> **（責任年齢）**
> **第41条**　14歳に満たない者の行為は，罰しない。

1　責任能力とは

　行為の是非善悪を見分け（むずかしく「弁別」という），その弁別の結果に従って，自己の行動をコントロール（制御）できる能力を「責任能力」という。

　こうした能力を完全に失っている者，あるいは未成年者のように政策的に責任能力がないとされている者を「責任無能力者」，能力が弱まっている者を「限定責任能力者」という。

2　精神障害者

1）　精神の障害の結果，是非善悪の判断能力やコントロール能力に障害が生ずる場合がある。そこで，法は，こうした是非善悪の弁識能力あるいは統率（自己コントロール）能力を欠く状態にある者を「心神喪失者」として「責任無能力者」とし（39条1項），その能力はあるが，著しく減弱した状態にある者を，「心神耗弱者」とし，「限定責任能力者」として責任を軽減している（39条2項）。

2）　精神障害の原因としては，高度の精神病のほか，知的障害，病的酩酊，薬物濫用などがある。精神病質（病的性格）もあるが，特殊な事情が必要であろう。

3）　具体的事犯の処理においては，個々の犯罪行為について，具体的に障害による影響との関係を検討して判断する。その場合，医学的，心理学的な鑑定が行なわれるが，心神喪失・心神耗弱の判断は，あくまで法律的判断であるので，裁判所は，医学的・心理学的見地からの意見を参考にしながら，独自に認定することになる。

3　刑事未成年者

各国の刑法をみると，一般に，年齢を定めて，それ未満では責任能力がないとしている。

その年齢は，あくまで政策的判断によって定められており，日本ではこれを14歳としている（41条）。

これは，ドイツにならったもので，英国では，かつては7歳（現在では10歳）で，英米法国ではこうした年齢を踏襲するが国が多い。結局，分別のつく年齢，大人同様に刑事責任を負わせてよい年齢は何歳からかというもので，フランスは13歳，オランダは12歳である。

第7章 故　　意

> **(故意)**
> **第38条**① 罪を犯す意思がない行為は，罰しない。ただし，法律に特別の規定がある場合は，この限りでない。
> ② 重い罪に当たるべき行為をしたのに，行為の時にその重い罪に当たることとなる事実を知らなかった者は，その重い罪によって処断することはできない。
> ③ 法律を知らなかったとしても，そのことによって，罪を犯す意思がなかったとすることはできない。ただし，情状により，その刑を減軽することができる。

第1　故意の体系的位置

　構成要件の主観的要素として重要なのは故意と過失，なかんずく故意である。

　ところで，刑法理論上，故意・過失が構成要件要素か，責任要素か論議があった。

　故意犯と過失犯とでは，非難の程度が決定的に異なるため，沿革的には，当初は責任要素論が強かった。しかし，今日では，非難の大小に影響する責任要素であるが，同時に，まずもって，犯罪成立の要件すなわち（主観的）構成要件要素であるとするのが，通説的見解である。

　このように，故意は，構成要件の主観的要素（「構成要件的故意」）であり，同時に過失や期待可能性と並ぶ責任要素の1つであるが，

第7章 故　意

こうした故意の概念の中に，構成要件的故意ばかりでなく，違法性の意識という，非難の要素を加えて理解するか（厳格故意説），故意は構成要件的故意のみで，他の非難の要素は責任一般の問題とするか（制限故意説あるいは責任説），論議が残っている。

　いずれにせよ，故意について議論する場合，構成要件的故意か，より広く，非難の要素を加味した故意概念を前提にしての議論か，注意する必要がある。

第2　構成要件的故意

1　構成要件的故意の内容

　「罪を犯す意思」（38条1項）のことをいう。犯意ともいい，殺人罪の場合，殺意ともいう。ただ，故意の内容として，どのような要件が必要か，論議がある。

　たとえば，人を殺そうと行為に出たとして，
① 「こんなことをすれば人が死ぬことがあるであろう」といった結果発生の可能性（蓋然性という言葉がよく使われる）の認識（むずかしい表現では表象という）しかない場合
② 可能性のほかに「死んでも構わない」という結果の認容がある場合
③ 「是非死んでほしい」という結果の積極的意欲がある場合
と，罪を犯す意思にランクづけができる。

2　認識説，認容説，意欲説

　刑法において処罰の対象にしてよい主観的意思（故意）にはどの

程度の内容が必要かで，①で十分だという認識説（可能性の認識で十分だというので蓋然説ともいう）と，②のように認識だけでは不十分で，少なくとも認容がなければ故意がないとする認容説，さらに③積極的意欲が必要だとする意欲説がある。

判例の主流は，認識説であるとされるが，通説は，認容説である。ただ，判例にも「あえて」という言葉を用いているケースがあるので認容説だという評価もでき，実務の大勢は，認容説で動いている。この立場に立てば，故意とは，行為に出た者が，犯罪事実（構成要件事実）を認識（可能性があることを分かっている）しているだけでは足らず，認容（そうなっても仕方がないと認めている）していることが必要だということになる。

ある行為の結果，人が死んだとしても，認識・認容がなければ殺人罪（199条）で処罰されることはなく，傷害致死（205条，結果的加重犯）か，過失があれば過失犯になるにすぎず，過失もなければ犯罪とはならない。

第3 構成要件的故意の種類

1 確定的故意

結果発生の可能性の程度や内容・態様で，「確定的故意」と「不確定的故意」とに分けられる。前者は，甲を殺そうと単純に故意の存在が認められる場合である。

2 不確定的故意

確定的故意に対して，不確定的故意には，次のような形態がある。

第7章 故　　意

① 甲乙いずれが死んでもよいと，2人に向かって発砲する場合で，「択一的故意」といわれる。
② 群集に対し，誰が何人死んでもかまわないと，発砲したり，爆弾を投げ込んだりする場合で，「概括的故意」と呼ぶ。
③ 人をひく可能性がありながら，そうした事故が起こっても構わないと，群衆の中に車を乗り入れるといったような場合で，「未必の故意」という。

いずれにせよ，故意犯にはこうした，こうした認識・認容が必要であり，また，あれば十分である。

第4　事実の錯誤

1　問題の所在

たとえば，殺人をしようと行為に出た場合，意図通りの結果がおきるとは限らない。不首尾に終われば未遂であるが，思わぬ結果が起こったり，結果は同じでも目論見と違った経過をたどってそうなった場合もある。

問題は，目論見違いがあった場合，その生じた結果について，つまり，既遂犯として，故意責任を問えるかという点である。故意責任が問えなければ，せいぜい，起こった結果に対しては過失責任と，目論んだ結果についての未遂が問題となるにすぎない。過失にせよ，未遂にせよ，その処罰は，明文のある例外的な場合に限られるので，議論のもたらす結果は重要である。

2 客体の錯誤，方法の錯誤，因果関係の錯誤

錯誤の態様として，次の3つがある。

① 甲を殺そうと，甲と思われる人に向かって銃を撃ち命中したが，甲と思ったのは実は別人の乙であった場合

これを客体そのもの，あるいは目的物そのものに錯誤があるという趣旨から，「客体の錯誤」あるいは「目的の錯誤」という。

② 甲を殺そうと銃を撃ったところ，甲に命中せず，傍らにいた乙に当たって乙が死んだ場合

これは，方法あるいは打撃について錯誤が生じたことから，「方法の錯誤」，あるいは「打撃の錯誤」という。そして，甲については，結果が起こらなかったので未遂にとどまるとして，死んだ乙について，過失にとどまるか，故意の既遂とすべきか論議があるところである。

③ 甲を殺そうと銃撃し，怪我を負わせたが，死亡まで至らず，死体を隠そうと，川に投げ込んだところ溺死した場合

これは，行為と結果との因果関係に思惑違いがあったことから，「因果関係の錯誤」という。

客体（目的）の錯誤の場合，人を狙って人が死んだにすぎず，具体的に甲を殺そうとしたのは，犯罪の動機に過ぎないので，乙に対する殺人罪そのものが成立する。刑法は，甲という人間，乙という人を殺したことに処罰を加えるものでないとして，人一般として抽象化して捉えるのである。

方法の錯誤（打撃の錯誤）の場合は，後に詳述するように学説上の対立がある。

因果関係の錯誤の場合は，因果関係の有無によって（これについ

ては，論議があるにせよ），生じた結果につき既遂か未遂かを論ずれば足りるとされる。

3 具体的符合説，法定的符合説，一故意説，数故意説

1） 甲を殺そうとして撃ったところ，傍らにいた乙に当たって乙が死んだ方法（打撃）の錯誤のケースについて，甲に対する殺人未遂は当然として，死んだ乙についても故意による殺人罪の既遂を認めるべきか学説上見解の対立がある。

そして，この場合は，「甲に対する殺人未遂」と，乙に対する「過失による殺人」としか成立しないと考えるのが「具体的符合説」であり，これに対し，甲を狙ったにせよ人を狙っており，人の死が生じたという結果は，刑法の殺人の構成要件から見れば同じであるとして，甲に対する殺人未遂は当然として，乙に対しても，故意による殺人の既遂を認めようとするのが「法定的符合説」の考え方である。

2） ただ，意図した殺人と，意図しない殺人の双方が発生した場合，（設例で，甲にも乙にも当たって双方が死亡した場合），1人の殺人の故意と，複数の殺人の故意とは違うと考え，1人の人しか殺そうと思っていない点を重視すると（「一故意説」という），具体的符合説と似た結論になろう。

複数の故意の並存を認めれば（「数故意説」という），甲に対する殺人未遂と乙に対する殺人既遂が成立するという結論も導くことも可能であろう。

この法定的符合説，数故意説の立場が通説で，判例もほぼこうした議論に近いといわれる。

3） しかし，問題は，故意とは，認識・認容があることである。

そこで，具体的な事実関係において，乙については，概括的（上記の概括的故意）にせよ，未必的にせよ，こうした認識・認容の認められないケースについて（乙の存在に全く気づきえないような場合），はたして故意犯の既遂を認めてよいか，その判断が困難な場合があると思われる。現在，具体的符合説が有力説になっている理由はこの辺にあろう。

4　故意の具体的存否からの検討

　甲を射殺しようとしたところ，甲について，結果が起こったにせよ，外れたにせよ，傍らの乙にもあたり，乙が死んだケースに限定して，乙に対する故意犯が成立するか，もう少し考えてみよう。

　甲に対し，殺人罪が成立することは間違いない。では，方法（打撃）の錯誤の結果，死亡した乙に対してはどうだろうか。人を殺そうとして人が死んでいるから，殺人の故意を認めようというのが法定的符合説の狙いである。

　しかし，殺人罪は，殺そうとした「ある人」，その結果死んだ「他のある人」ごとに，別個の犯罪なので，人ごとに，成立の可否を論じなければならない。

　つまり，設例については，結局は，死んだ乙について，具体的に，死亡の可能性の認識があったか，認容があったかを検討しなければならないし，また，そうすれば足りるのではないか，と考えられるのである。

　乙が甲の近傍にいたとしても，状況によっては，その存在の認識の可能性が全くない場合があったとすれば，故意の要件である，認識・認容が否定される。結局は，生じた結果について，未必の故意，あるいは概括的故意が成立するかどうかの事実認定の問題に帰着す

るのではないかと思われる。

　刑事事件の処理にあっては，現実に起こった結果について，果たして故意があるかどうかを検討するはずである。こうした観点から錯誤論をもういちど見直すべきであろう。

5　具体的事実の錯誤，抽象的事実の錯誤

　1）　上記のように，殺意があって，錯誤の結果，殺人の故意の既遂が認められるか，といった，同一の構成要件内での問題ばかりでなく，錯誤の結果，異なった構成要件の故意の既遂が認められるか，問題になることがある。

　同一構成要件内の錯誤を「具体的事実の錯誤」といい，別の構成要件にまたがる場合を「抽象的事実の錯誤」と呼んでいる。「具体的」，「抽象的」の言葉は，このようにも使われる。

　抽象的事実の錯誤の簡単な例は，

　① 人を狙って銃を撃ったところ，錯誤の結果飼い犬を殺した場合

　　　殺人未遂と，過失による器物損壊（処罰規定なし）が成立する。

　② また，逆に飼い犬を撃とうとして，飼い主を殺害した場合

　　　器物損壊（懲役刑あるいは罰金刑であるが，未遂については処罰規定がない），と過失致死（重過失でない場合は罰金刑のみ）が成立。

　以上は，具体的符合説をとっても，法定的符合説をとっても，故意がなければせいぜい過失犯の成否を問題にするだけだという点で，相違はない。刑法38条2項からの単純な帰結である。

　2）　学説としては，認識と現実が構成要件を異にしても，軽い

罪の限度で故意犯の成立を認めようという,「抽象的符合説」という考え方がある。つまり,飼い犬を殺そうとして飼い主を殺した場合について,主として刑の均衡から,軽い罪の故意犯の既遂を認めようとする考え方である。

しかし,設例の場合,②では,器物損壊の結果がまるで発生してないのに,既遂として処罰する点で問題がある上,現実には,飼い主が死んだ点は,重過失致死に問擬されようから（器物損壊よりも重い懲役刑の定めがある),処罰の不均衡が生ずることはないであろう。学説の存在意義は小さい。

3) なお,認識した構成要件と,現実に行なわれた行為との間に,構成要件として,質的に重なり合えば,重なり合う限度で故意犯が成立するというのが判例である。覚せい剤を麻薬と誤認して所持した場合,刑の軽い麻薬所持の故意の成立を認めている。罪質の符合を重視する,「罪質符合説」というべきものであろう。

より構成要件の重なり合いが簡単な例は,承諾殺人（202条後段）と単純殺人（199条）で,承諾があると誤信して,単純殺人を犯した場合,単純殺人の未遂は論ずる必要なく,承諾殺人の既遂として扱えば足りる。

第5 故意に関するその他の問題

1 問題の所在

刑法38条1項は,犯罪には故意が必要とし,そして同条3項では,「法律を知らなかったとしても,故意がなかったとすることはできない」としながら,ただし書で,情状により刑を軽減することを認めている。

第7章 故　　意

　そこで，故意に関して，違法性の意識（違法の認識）が必要かどうか，違法性について錯誤があった場合はどうか，とりわけ違法性阻却事由について錯誤があった場合はどうか，などの問題がでてくる。

2　違法性の意識（違法の認識）について

　1）　38条3項の法文を忠実に解釈すれば，法の不知によって故意は阻却されず，情状で刑が軽減できるにすぎないので，故意については「法の不知は許さず」と単純に割り切る考え方が一方にある。

　2）　しかし，それではあまりに権威主義的であるとの反発がある反面，法に無関心であるとか，法に無知な者を許せば，法が法としての役目を果たしえない結果を招くことにもなる。

　3）　そこで，考え方の対立があり，そのうち，違法性の意識の欠如について相当な理由がある場合に限り，なんらか責任を阻却する見解が有力となっている。ただ，違法性の意識を，故意の要素として論ずるか，その別の責任要素として論ずるかについては両説ある。

　4）　38条3項ただし書は，同条1項の故意があっても，法を知らないときは，情状によって，刑を軽減できるとしている。この規定を，単純・端的にとらえれば，違法性の意識は，故意の要素ではなく，刑が軽減できるのは，非難可能性すなわち責任が小さくなるためだと解釈される。すなわち，違法性の意識は，故意とは別の責任の要素とすべきことになる。

　そして，この立場からいえば，故意とは，犯罪事実の認識・認容（構成要件的故意）のみであり，違法性の意識は，期待可能性と同様に責任要素であることになる。

3 違法性阻却事由の錯誤

故意を構成要件的故意としてのみとらえれば，それは構成要件事実の認識・認容の有無のみで判断すべきことになる。

しかし，相手が攻撃してくると誤信して，反撃行為に出たような誤想防衛行為の場合や，わいせつな映画をわいせつではないと信じて上映して，わいせつ物陳列罪に問われたようなケースではどうであろうか。

判例や有力説では，故意の問題として議論して，適法と信ずるにつき相当な理由があれば故意を阻却するとしている。

しかし，そこでいう故意とは，構成要件的故意であるとは考えにくいであろう。したがって，すでにみた事実の錯誤論はそのまま適用できない。

より広い，規範違反に対する非難という意味での責任，すなわち「責任故意」というものを想定して，これを阻却すると考えるべきであろう。

4 法律の錯誤（禁止の錯誤）

違法性の意識がない場合は，状況により強く非難できないときは，責任を軽減ないし阻却される。法律の錯誤によって違法性の意識が欠けた場合も同様であろう。

では，無知ないし誤解によって，自己の行為は許されているとして，行為にでた場合はどうであろうか。ケースによっては事実の錯誤に近い例があって微妙である。

たとえば，判例では，禁猟獣であるたぬきを，ムジナならたぬきではないとして，たぬきを捕らえたケースでは，事実の錯誤として

故意を阻却するとし，禁猟獣のムササビを，モマとムササビとが同一であるとは知らず，ムササビを捕らえたケースでは法律の錯誤で故意は阻却しないとした。

前者では，甲を乙とを誤って認識したと同様だとみれば，事実認識において錯誤があるとみてよいケースととらえうる。これに対し，後者は，禁猟獣か否かを知らずに行動したとみられ，法の無知，違法性の意識といった点で問題があるので，法律の錯誤に当たるとして理解できる。したがって，ケースにより，あるいはケースの見方によって分かれるのではあるまいか。

結局，錯誤が事実認識にあれば事実の錯誤の問題であり，錯誤が法的評価面にあれば法律の錯誤である。

第8章 過　　失

1　処罰は例外，開かれた構成要件

　1）　刑法は，故意がない場合は，特別な規定がある場合に限って処罰することとしている（38条ただし書）。その場合が過失犯で，個々に規定がある。

　処罰は例外だが，過失行為は，交通事故をはじめ，医療事故，工事現場，公害など，あらゆる生活場面で見られる身近な犯罪現象である。

　2）　過失犯の構成要件は，不注意によって，構成要件の定めている結果を招くことをいう。たとえば，過失致死罪（210条）であれば，「過失により人を死亡させた」ことである。

　ただ，構成要件の中身は，多くは「過失により結果を発生させた」としか規定されていない。そして，その行為に当たる，「過失により」の具体的内容は一義的ではない。車を運転していたら，前方をよく見て，ハンドル操作を的確にするとか，危険な物を扱っているときは，人に危害を及ぼさないよう注意するとか，個々の事件において，過失の前提になる注意義務の内容は，個別に想定していかなければならない。そこで過失は，「開かれた構成要件」であるといわれる。

　3）　その根本は，不注意によって，定められた結果を発生させる行為である。そして，不注意とは，注意すべきであるのに，その義務を怠ったことであり，つまり注意義務違反の行為である。

第8章 過　　失

そこで，過失犯の構成要件をまとめると，
① 注意義務違反の行為（過失行為）
② 結果の発生
③ 過失行為と結果の因果関係
となる。

2　注意義務違反——予見義務と回避義務

1）　自動車を運転する者は，安全のため危険を予測しながら運転しなければならず，具体的に危険が生ずることが予測・予見できならば，それを回避しなければならない。つまり，進路前方に人や物があれば衝突する危険を予見しつつ注意深く進行し，横断中の人があって動かなかったら衝突を予見して，減速・停止して，衝突を回避するような措置をとらなければならない。前方に注意を払わず，人をはね，あるいは車と衝突して，死傷事故を起こせば，過失犯に問われる。

すなわち，注意義務の内容は，「予見義務」と「回避義務」である。

2）　ただ，その「予見義務」，「回避義務」は，そもそもそれが可能であって，はじめて義務違反の責任が生じる。したがって，自殺者が，物陰から車めがけて，飛び出してきたとしたら，通常は予見不能である。すると予見義務はないことになる。また，回避も不可能であるから回避義務もない。結局，このような場合は，過失責任を問われることはないことになる。

このように考えると，注意義務の構造は，
結果予見可能性あり→結果予見義務→結果回避可能性あり→結果回避義務

ということになる。

3 客観的注意義務と主観的注意義務

　注意義務違反といっても，人の注意能力には差違がある。その行為者の注意能力を基準にすると（これを「主観的注意義務」という），注意深い人ほど責任を問われるということになり，反対に粗忽な人間は許されて，生じた結果は被害者の損ということになる。

　そこで，注意義務は，一般的平均人の能力を基準に考えようというのが，「客観的注意義務」という概念である。刑法の法秩序維持の機能から考えれば，過失の構成要件としては，これを基準すべきであろう。

　その場合，主観的注意義務は，無意味かというと，そうではない。注意能力のある人が，力を出し惜しんだ場合と，能力の低い人が一生懸命注意を払おうとしたが結果を招いた場合とでは，非難の程度には差がある。それは，責任の大小に反映させるべきであろう。

4 認識ある過失と未必の故意

　故意は，結果の発生の可能性（蓋然性）を認識しつつ，その結果の発生を認容，すなわち，生じてよいと認めている場合である。これに対し，同じ，可能性を認識しながら，結果の発生を認容しないで行為にでたが，結果を起こしてしまった場合を，「認識ある過失」という。たとえば，人ごみに車を乗り入れるような行為で，人の死傷の結果を認容していたかどうかの態様によって，故意か過失か評価が異なる。いずれにせよ認容の有無が分れ目である。

5 業務上の過失と重大な過失

1) 自動車を運転して人身事故を起こすと，単なる過失致死傷罪ではなく，刑罰の重い，「業務上」過失致死傷罪（211条）に問われる。「重大な過失」があっても同様である（同条）。

2) 「業務上」とは，「本来社会生活上の地位にもとづき反復継続して行なう行為によって」という意味だと定義づけられる。自動車運転のように，元来危険な行為なので高度な注意義務が課せられるような行為を指す。そういった性格の行為であれば，無免許運転だったり，たった1回限りの行為であっても，これに該当する。

3) 「重大な過失」（「重過失」という）とは，過失の程度，落ち度の程度の大きい場合をいう。対比して，普通の過失の場合を「軽過失」ということがある。過失の程度がごく軽いという意味ではない。普通の過失犯という意味である。

6 許された危険，信頼の原則

1) 再三例に引くが，自動車の運転は，それ自体危険を伴う行為である。また，医師による手術も，人の身体をメスで切ったりする行為あるから一種の傷害行為であり，一定の危険をともなう行為である。こうした例は，枚挙にいとまがない。

こうした行為は，危険もともなうが，反面，社会として有用な行為として認めざるを得ないものである。これが「許された危険」である。

2) ところで，自動車の運転をする者は，他の自動車や，同じ道路を行く通行人が，それなりにルールに従った行動をとるであろうと期待して運転している。また，それでよいとしなければ，交通

機関としての機能は麻痺してしまうであろう。つまり，交通事故については，異常な行動，ルール違反の行動までは予測・予見する必要はなく，通常の行動をとるものと信頼して運転すれば責任を問われないというのが「信頼の原則」である。

3） こうした，原理は，チームを組んでの大手術や，企業活動についても，共働する他のメンバーが，それなりの努力を払うものと期待して行動すれば足りるという帰結を導くことにもつながろう。

7 過失をめぐる論議——新過失論，新新過失論

1） 身近では自動車運転，広くは工場などの企業活動など，常にある程度の危険を覚悟せざるをえない行為を，社会的な利益の観点から許容せざるをえないという現実は，過失に関する論議に大きな影響を与えている。

2）「許された危険」論の生れた背景にある，危険な行為ではあるがその社会の有用性とのバランスで許容せざるをえないとする点を重視すると，結果発生の予見可能性は，抽象的・漠然となら，行為それ自体に常にあるといえる。そこで，過失の構成要件としては，予見可能性よりも，むしろ回避可能性が大事だということになる。すなわち，回避義務違反こそが過失のポイントであるとする見解が有力になってきた。これを，「新過失論」という。

3） また，逆に，近時の公害・薬害による大量の被害状況を念頭に，予見可能性は，漠然とした危惧感だけで足りるという考え方も提示されている。ただ，回避義務違反を過失の核心におく点で，新過失論に共通している。これを「新新過失論」，あるいは「危惧感説」と呼ばれる。

4） 根本的には，刑法が，こうした社会事象にどう対応してい

第8章　過　　失

くべきか，難しい問題がその背景にある。

第9章　期待可能性

1　その意味

　責任能力があり，故意・過失があっても，具体的状況において適法な行為にでることが期待できない場合，行為者を非難することはできないであろう。
　これを「期待可能性」という。
　法規範は，ある行為を禁止あるいは命令しているルールであり，責任は，違反者に対して，法規範に従わなかったことに対する非難であるとする規範的責任論では，こうした適法行為が不可能であれば，非難はできないことになる。そこで，規範的責任論においては，期待可能性は，故意・過失と並べて責任の基本的な要素とすることになる。

2　適用の考えられる具体的場合

　旧軍隊では，上官の命令は絶対とされていたので，違法な命令にやむなく従って罪を犯しても責任がないことになろう。憲兵隊員が上官の命で人を殺したという，著名な甘粕事件では，「故意なし」として無罪にしているが，「期待可能性がないため責任がなかった」と，すべきであったと思われる。
　また，雇われ船長が，雇用主や乗客の強い要望で，台風の中，遭難の危険性があると知りながらやむなく船を出航させた結果，沈没

第9章　期待可能性

事故を起こし，乗客を死亡させたようなケースも，期待可能性の有無が問題になる場合であろう。圧力にまけた船長の責任は皆無ではないとしても，非難の程度は軽くなろう。

　過剰防衛や過剰避難において，情状によりその刑を減軽または免除できる（36条2項，37条1項ただし書）としている点も，こうした論理で説明できる。

第10章　未　　遂

> **（未遂減免）**
> **第43条**　犯罪の実行に着手してこれを遂げなかった者は，その刑を減軽することができる。ただし，自己の意思により犯罪を中止したときは，その刑を減軽し，又は免除する。
> **（未遂罪）**
> **第44条**　未遂を罰する場合は，各本条で定める。

第1　その法律的な意味

1　未遂と既遂

　たとえば，日ごろ憎んでいる会社の上司を殺そうと計画し，同僚と相談し，毒薬を入手した上，プレゼントにかこつけて毒薬を送りつけ，それを飲んだ上司が死んだ，というケースを見ると，
　決意・計画→準備（相談し，毒薬入手―「共謀・陰謀」，「予備」）→行為開始（毒薬送付―「実行の着手」）→行為完了（毒薬服用）→結果発生（死亡―「実行の終了」），
といった段階を経ることになる。
　死亡という結果が発生すれば「既遂」であるが，構成要件の定める結果の発生に至らないことがある。これが「未遂」である。

第10章 未　　遂

2　実行未遂と着手未遂

1）　このように構成要件に該当する行為に出ることが「実行行為」であるが，この実行行為の開始が「実行の着手」であり，終えることが「実行の終了」である。そして，「実行の着手」によって「予備」と「未遂」に別れる。

2）　実行の着手の時期をどうとらえるかについては，主観説と客観の対立がある。「法益侵害惹起の実質的な危険性のある行為」が開始されたときとする，通説的見解の客観説にたっても，結局，各犯罪の構成要件の解釈によって決まってくる面が大きい。

3）　未遂には，着手の段階で未遂になる「着手未遂」と，それ以降で未遂になる「実行未遂」とがある。毒薬を送付しようとしたが宛名を間違えたとか，例は変わるが，ナイフで切りつけたが逃げられた場合などは「着手未遂」である。

これに対し，毒薬を相手が服用したが，気がついて吐き出したり，治療を受けた結果，死を免れた場合などは「実行未遂」である。

同じ未遂であることに違いはないが，中止未遂を考える際には，意味がある。

3　未遂の処罰

未遂について，それを処罰するには，殺人（199条）なら未遂罪（203条），窃盗（235条）なら同未遂罪（243条）というように，「罰する」という明文の規定が必要である。そこで，殺人の既遂，窃盗の既遂を基本的構成要件だとすれば，「修正された構成要件」であるということができる。

その処罰も，自己の意思によって未遂に終われば「中止未遂」と

なって刑が軽減ないし免除されるし，そうでない場合の「障害未遂」でも，情状によっては，刑が減軽される。

第2　中止未遂

1　規定・制度の意味

　自己の意思によって，犯行を中止した場合を「中止未遂」，「中止犯」という。これに対し，そうでない場合で未遂に終わった場合が「障害未遂」である。
　中止未遂は，その刑が必ず，つまり必要的に減軽ないし免除される。障害未遂が，情状如何によっては任意的に減軽されるのと大いに違っている。そこで，この中止未遂の規定，あるいはこうした制度を「後戻りのための黄金の橋」と表現される（リストの言葉）。
　ただ，その根拠については，政策的配慮なのか，違法性ないし責任が減少した結果なのか，見方が別れている。

2　「自己の意思により（任意性）」とは

　1）　中止未遂か障害未遂であるかによって，法律的に大きな違いがある。そこで「自己の意思によって中止した」か，そうでないのか，その差異，判定基準を厳格に議論しておく必要がある。同じ実行行為を中止をしたにせよ，外的事情が加わることが多いからである。
　2）　たとえば，同じ出来心の空き巣泥でも，実はだれも帰宅したわけでもないのに，物音で，家人が帰宅したとの恐怖からやめた場合は，中止未遂ではないであろう。しかし，物音でハットわれに

返り，後悔して盗むのをやめたとしたら，中止未遂にしてよいであろう。

3） その基準を立てようと，妥当な結論求めて多くの説が提案されている。しかし，ドイツのフランクの提案している公式の，「しようと思ったが，できなかった」場合が障害未遂であり，「しようと思えばできたが，しなかった」場合が中止未遂である，という基準が実際上有用であろう。

3　中止行為の内容

1） 中止未遂であるためには，いずれにせよ構成要件上必要な結果の発生が，不発生に終わることがまず必要である。

2） 着手未遂の場合は，実行行為を続けることをやめたことで足りる。

これに対し，実行未遂，すなわち，結果は発生していないものの，実行行為そのものは終了してしまった場合は，結果の発生を阻止する行動が必要となる。それも，任意に中止したと評価するためには，真摯な行動が要求されるであろう。

3） ただ，真摯な行動そのものはあったが，結果の不発生とは因果関係が薄いか，ないしは，なかった場合に，中止未遂が認められるかは微妙である。「後戻りのための黄金の橋」であることを重視すれば，結果不発生に終わった以上，その成立を認めてよいケースもあろう。

障害未遂であるとしても，情状によっては刑の減軽事由にはなり，免除がないだけである。

第11章 共　　犯

> **（共同正犯）**
> **第60条**　2人以上共同して犯罪を実行した者は，すべて正犯とする。
> **（教唆）**
> **第61条**①　人を教唆して犯罪を実行させた者には，正犯の刑を科する。
> ②　教唆者を教唆した者についても，前項と同様とする。
> **（幇助）**
> **第62条**①　正犯を幇助した者は，従犯とする。
> ②　従犯を教唆した者には，従犯の刑を科する。
> **（従犯減軽）**
> **第63条**　従犯の刑は，正犯の刑を減軽する。
> **（教唆及び幇助の処罰の制限）**
> **第64条**　拘留又は科料のみに処すべき罪の教唆者及び従犯は，特別の規定がなければ，罰しない。
> **（身分犯の共犯）**
> **第65条**①　犯人の身分によって構成すべき犯罪行為に加功したときは，身分のない者であっても，共犯とする。
> ②　身分によって特に刑の軽重があるときは，身分のない者には通常の刑を科する。

第1　共犯とは

1　単独犯と共犯

1）　一口に共犯といっても，いろいろな意味・形態がある。最広義では，複数の人間の意思を通じて犯罪行為に出る場合全般，す

なわち，のちの「必要的共犯」までも含めていう。そして，広義では，「共同正犯」，「教唆犯」，「幇助犯」の3つ，すなわち，のちの「任意的共犯」を指す。狭義では，そのうち「教唆犯」，「幇助犯（従犯ともいう）」の2つを指す。このように，共犯は，最広義，広義，狭義で，指す中身が異なっている。

2）　刑法の構成要件は，原則として犯罪が単独で行なわれることを想定して規定されている。これを「単独犯」あるいは「単独正犯」である。

3）　だが，現実の世界では，甲と乙とが一緒になって丙を殺したり，やくざの親分が，配下の子分に，敵対する組織の親分を襲わせたりすることが珍しくない。そこで，刑法は，こうした場合に対応するため，60条から65条にかけて，「共同正犯」，「教唆犯」，「幇助犯（従犯）」に関する規定を設けている。

これらの規定は，元来，単独犯として犯し得る犯罪について，いわば修正した構成要件をもうけ，処罰範囲を拡張しているとみることができる。そこで，「構成要件の修正形式」とか「刑罰拡張原因」といわれる。

2　必要的共犯

1）　上述のように，元来単独犯であること想定しているのではなく，構成要件自体が，複数の者の関与が予定されている犯罪がある。たとえば，騒乱罪（106条）は，「多数で集合して」暴行・脅迫することである。これを「集団犯」，「集合犯」という（「集合犯」は別な意義でも使われる）。

2）　また，贈賄罪，収賄罪では，賄賂を供与等する贈賄犯と，賄賂を収受等する収賄犯と，対向する犯罪・犯人が必要である。こ

れを「対向犯」という。

 3) これら，集団犯，対向犯は，構成要件からして，必ず複数の犯人が関係するところから，単独犯形式が原則である他の共犯に対して，「必要的共犯」といい，単独犯の修正形式である共犯を「任意的共犯」という。

3　任意的共犯

　単独犯の修正形式である任意的共犯には，犯行に加わる形から，数人が一緒になって犯す「共同正犯」(60条)と，人をそそのかして犯罪を犯させる「教唆犯」(61条)，犯罪行為を助ける「幇助犯」(62条)の，3つの形態がある。

　この広義の共犯である任意的共犯のうち，共同正犯をのぞく，教唆と幇助とは，正犯に犯行をさせたり（教唆)，正犯の犯行を助けたりして，自らは犯罪行為を実行していない純然たる共犯なので，この2つを，とくに区別して狭義の共犯といわれるのである。

4　正犯とは

　正犯とは，教唆犯と幇助犯との対比で分かるように，殺人とか窃盗とかの，基本的構成要件に定められた犯罪行為を自ら行なう者である。

第2　共犯をめぐる論議

1　共犯とは何を共同にするか

　「特定の構成要件に該当する犯罪行為を共通にする」のか，「構成

要件をはなれた行為を共通にする」のかで理論的対立がある。

「犯罪共同説」と「行為共同説」との対立で，刑法は犯罪を処罰するのか，危険な行為者を処罰するのかという，客観主義と主観主義の対立がその根底にある。

犯罪共同説を徹底すれば，殺人と傷害致死との間の共犯はありえないことになろうし，行為共同説を徹底すれば，故意犯と過失犯との間の共犯もありうることになる。

犯罪共同説が有力説であるが，後述のように，現在では，殺人と傷害致死との間の共犯も認める考え方が，実務を中心に一般的で，この面では論争の意義は小さくなっている。

2　処罰の理論的根拠

教唆犯と幇助犯，いわゆる狭義の共犯についての論争である。
「共犯が処罰されるのは，正犯を作ったためである」とするのが「責任共犯説」である。これに対し，「共犯を介して違法な結果を惹起させたためである」というのが「惹起説」ないし「因果共犯説」である。後者は次の従属性の論議につながっている。

3　共犯従属性の論議

1)　たとえば，教唆をしたが，被教唆者が犯罪行為にでなかった場合でも，処罰できるとする見解がある。行為者の危険性に注目して刑罰を科していこうとする主観主義からの考え方で，教唆行為に独立の犯罪性を認めるもので「共犯独立性説」という。もっとも，この考え方は，刑法61条1項の「人を教唆して犯罪を実行させた者」との明文に反することになり，現行刑法上はとれない理論とさ

2）対して、「正犯を介して違法な結果を惹起した」点に処罰の根拠を求めれば（惹起説・因果共犯説）、正犯の犯罪行為の存在が前提にならざるをえない。ただ、この正犯の犯罪が、単に構成要件に該当すればよいのか、有責性、処罰条件まで必要とするか、つまり、正犯の犯罪行為に、共犯者の処罰がどう連動・従属するか議論がある。

極端な考え方は、責任ばかりか処罰条件が必要だとし（「誇張従属説」）、他方に正犯は構成要件に該当すれば足りるという考え方まである（「最小従属説」）。ドイツのM. A. マイヤーは、これらの従属のあり方（「従属形式」という）について、責任まで要求する「極端従属形式」、違法性まででよいとする「制限従属形式」などといったように、誇張、極端、制限、最小といった諸形式が成立しうるとしている。

3）「違法は連帯的に、責任は個別的に」と考えれば、正犯に責任条件がないときでも、つまり、構成要件に該当し、違法であれば共犯は成立する結論になる。この制限従属説が通説とみてよいと思われる。

もっとも、成立しないと考える立場でも、責任のない正犯を道具として使っていると認められれば、共犯者自身が正犯となると考えられる。すなわち「間接正犯」として処罰を考えるのである。

第3　共同正犯

1　意　義

1）「2人以上共同して犯罪を実行した」（60条）場合を共同正

第11章　共　　犯

犯という。

　「共同して」とは，少なくとも意思の連絡が必要である。意思の連絡なしに同時に犯行にでた「同時犯」とは異なる。

　2）「同時犯」は，単独犯が同時に行なわれたにすぎず，各個に，どのように構成要件が充足されたかで，その刑事責任を問うことになる。

　たとえば，甲乙が同じ人間を狙撃しようと，発砲し，甲の銃弾が命中して相手が死亡した場合，共同正犯であれば，どちらの銃が命中しようと，甲乙の双方が殺人の既遂の責任を問われるが，意思の連絡のない同時犯では，甲のみが殺人既遂で，乙については殺人未遂になるにすぎない。

2　何を共同にするのか

　既述のように，共犯一般について，共犯とは何を共同するかについて論争があり，「行為共同説」と「犯罪共同説」の対立がある。

　基本的には特定の犯罪を共同に行なうものであるとする犯罪共同説が有力であるが，たとえば，相手に対して攻撃することについて双方に共通の認識があるが，甲は殺意を持って，乙は殺意なくせいぜい傷害の意思で，共同して攻撃を加えた結果，相手が死亡した場合は，甲については殺人罪が，乙については傷害致死罪が成立するとして処理している現在の実務のあり方（とくに成立する罪名について）からすれば，行為共同説と，結論的にそう差がないことになる。

3 共同正犯の要件

（1）「共同実行の意思」と「共同実行」の2つが要件である。
　① 共同実行の意思
　特定の構成要件に該当する行為を共同でする意思で,「共謀」である。前述のように，一方は殺人の，他方は傷害程度の意思であっても，共通する攻撃行為を共同で行なうという程度の意思でもよい。
　意思の連絡は，事前でなくとも，犯行中の現場でもよく（「現場共謀」），甲から乙，乙から丙へと伝える方法（「順次共謀」）でもよい。また，その手段は，身振りなどでも足り，言語である必要はない。要するに，意思の連絡と解される方法でよい。また，犯行の途中で，それと知って参加した場合でも，成立しうる（「承継的共同正犯」）。
　② 実行行為
　通常は，共同実行が共同正犯の要件だといわれる。
　しかし，共謀者のうち，実行行為に加わらなくても共同正犯とされる場合がある。
　たとえば，やくざの親分が子分に命じて殺人をさせたように，「他人の行為を自己のものとして利用しようとする」ような意思があって,「自ら犯行を行なったと同様に評価できる場合」は,「共謀共同正犯」として，やはり共同正犯となるとされる。こうした態様を，教唆ではなく共同正犯であるとするその論理的根拠については，かつては,「共同意思主体」の存否をめぐり，相当の議論のあった点である。
　現在では，「他人の行為をいわば自己の手段として犯罪を行なった」という点に，その根拠を求めている。
（2）共同実行は，たとえば，1人は見張り，1人は金庫の錠開け，

1人は物色，1人は窃取，1人は運搬というように，共犯者間で，役割を分担した場合でもよく，全員につき同じ窃盗罪が成立する。
（3）　このうち見張り行為については，それが実行行為か単なる幇助行為か，実務ではよく問題になる。結局，実行行為の一部とみてよいかの，具体的状況のもとにおける行為の評価で決まることになる。

4　共犯者に刑事責任のない場合

1）　たとえば，金に困った親が，自分の12歳の子供に，自らの勤め先から，金を奪ってくるよういいつけ，自分は自宅で待ち受けるうち，子供がとっさの判断で現場にいた人間をトイレに閉じ込めるなどして，強盗を実行したような場合，親の責任をどのように考えるべきであろうか。

2）　順次検討すると次のようになろう。

ⅰ　まず，自ら実行していない点を重視し，共同実行がないとする考え方に立てば，共同正犯は成立せず，教唆犯しか考えられないこととなる。共同実行をそのように捉える立場もある。教唆犯の罪は正犯と同じであるから処罰については問題がない。

そして，正犯に有責性まで求める（極端従属説という）立場をとらず，12歳でも具体的な意思決定の能力に問題がなければ，教唆犯として処罰できる論理も成り立ちうる（最小ないし制限従属形式）。

ⅱ　しかし，親は自らの犯罪意思を，子供の行為を手段として実現しており，正犯と評価すべきである。

教唆と正犯とでは，倫理的な非難の面で差があり，自らの犯罪意思を他人の行為を通して実現していて，正犯と同視できる場合は正犯とすべきだという，倫理感覚的な力は無視できないからである

(改正前の刑法は，教唆は「正犯に準ずる」としていた)。

ⅲ　この場合，この正犯の実行した犯罪が，構成要件充足で足りるか，違法，有責まで必要かさらに従属性の程度如何の議論があるが，子供は自己の判断能力によって行動しており，刑事責任能力すなわち有責ではないが，自らの犯罪意思を抱き，みずから実現できる以上，共犯者であり，単なる道具ではないというべきである。

結局共同正犯を認めることになるのが，実務の通説的見解であろうと思われる。

5　効　　　果

すべて正犯となり (60条)，共同行為の結果実現した犯罪事実全部について，加わった者全員が，共同して責任を問われる。すなわち，行為を分担した場合，他の者の行為の結果についても同じ責任があるということである。

もっとも，甲には殺人の故意が認められるが，乙には傷害の故意しか認められないときは，各人の故意の認められる範囲で，甲は殺人罪，丙は傷害罪の責任を問われる。他人を利用して自らの犯罪を実行するのが共犯であり，その犯罪は，甲は殺人，乙は傷害 (致死) にとどまるからである。

第4　教　唆　犯

1　意　　　義

犯罪の意思をもたない者をそそのかして，犯罪の意思を生じさせて，実行させた者，あるいはそうした犯罪である (61条1項)。

第11章 共　　犯

幇助がすでに犯罪実行の意思を有している者に対する，援助，協力である点で，同じ狭義の共犯ながら異なっている。

自ら実行行為にでないが，同じく実行行為にでない共謀共同正犯との差は，他人の行為を自己の犯罪実現の手段として利用しようという意思があるか否か，具体的には，自らの犯行をしたと評価できるかどうかの価値判断できめられる。

2　教唆犯の要件

① 教 唆 行 為

教唆行為は，特定の犯罪にでるよう，その決意を生じさせる行為である。ただ漠然と，「泥棒でもして金を作って返せ」程度では教唆にならず，「どこそこに，無用心な金持ちがいるから盗みに入れ」といった特定性が必要である。

② 教唆にもとづく正犯の実行行為

被教唆者が，教唆によって，特定の犯罪をすることを決意し，実行されることが必要である。このように，教唆と決意，実行の間に因果関係がなければならない。すでに，犯行を決意していて，教唆が激励，後押しになった場合は，幇助である。

実行行為があれば，それが犯罪として有責性までは必要でないのは共同正犯で述べたと同様である（最小ないし制限従属形式）。

3　効　　果

正犯に同じく処罰される（61条1項）。すなわち，正犯が窃盗なら，教唆者も窃盗罪の法定刑の範囲内で処罰される。もっとも，具体的な量刑が正犯と同じというのではない。各自の情状によって重

い場合も軽い場合もありうる。

また，教唆者を教唆した者も同様である（同条2項）。これを間接教唆という。間接教唆者を教唆する再間接教唆者も教唆犯として処罰される。

第5　幇助犯（従犯）

1　意　　義

正犯の実行行為を助け，実行を容易ならしめる行為をした者，あるいはそうした犯罪である（62条1項）。

2　成立要件

① 幇助行為

実行行為を共同にすれば共同正犯であるから，実行行為以外の行為でなければならない。実行行為以外であれば，その方法は，道具を与えるような物理的なもの，助言・激励のような精神的なもの，さらには，作為・不作為などでもよく，その種類を問わない。幇助を受ける者が知らぬうちに援助する，片面的な幇助でも幇助犯は成立する。

見張り行為は，幇助となりうるが，共同実行と評価されることが多い。

② 被幇助者たる正犯の実行行為

幇助される正犯が，その犯罪を実行していることが必要である。

3 効　　果

その刑は，正犯の犯罪の法定刑を減軽して定められる（63条）。具体的にその量刑が正犯より軽いとは限らず，個別の情状による。

第6　共犯に関するその他の問題

1　共犯と身分

1）　身分犯すなわち行為者が一定の身分を有することが構成要件となっている犯罪には，身分がなければ犯罪とはならない「真正身分犯」と身分がなければ刑の軽い別罪になる「不真正身分犯」とがある。前者の代表例は，収賄罪（197条）で，公務員であることが犯罪の成立要件である。後者の例は，賭博罪などで，常習賭博（186条1項）と単純な賭博罪（185条）とでは法定刑に違いがある。

2）　ところで，身分のある者と，ない者とが，共同して犯罪行為をした場合の処理について，刑法は「犯人の身分によって構成すべき犯罪行為に加功したときは，身分のない者であっても，共犯とする」（65条1項）とし，また，「身分によって特に刑の軽重があるときは，身分のない者は通常の刑を科する」（同条2項）と規定している。

通説は，1項は真正身分犯の場合，2項は不真正身分犯の場合を規定しており，ここでの共犯は，共同正犯，教唆犯，幇助犯の任意的共犯全般について，適用があるとされる。

3）　共犯に関しては，その理論的前提を異にする立場によって種々の論議が展開されているが，ここでも例外ではなく，1項を真正身分犯，2項を不真正身分犯にと，整然と対応させるのではない，

独自の見解も主張されている。

2　共犯の錯誤

　単独犯の錯誤理論を適用して解決することになる。

　特有の問題としては，教唆のつもりで結果的には単なる幇助犯が成立するにすぎなかった場合，間接正犯のつもりであったが，教唆犯であった場合などである。犯情の軽い形式の共犯が成立するとすべきであろう。

3　共犯の未遂

　単独犯の未遂に準じて考えることになる。

　共同正犯の場合，ある行為者の行為は未遂でも，他の行為者によって結果が発生すれば，共謀者全員について既遂の責任が問われるのは，共犯理論のいわば当然の帰結である。

第12章　罪　　　数

第1　罪数論の意義

1　なぜ罪数論が重要か

　犯罪が行なわれると，国家は，これに対し，司法・裁判手続を経て刑罰を科することになる。すなわち，国家に犯罪の法律効果として刑罰権が発生するのである。
　刑罰権は，1つの犯罪に対し1つである。そして，犯人は，同一の犯罪について，重ねて刑事上の責任を問われることがない（憲法39条）。二重の処罰は絶対に許されないのである。

2　罪数の判定

　では，1個の犯罪とはなにか，犯罪とみられる事実が起こった場合，それが1罪なのか，数罪なのか，その判定は，ときには悩ましい場合がある。行為の回数を基準にすれば，1発の爆弾を投げつけて大勢の人を殺した場合はどうだろうか。
　また，人の生命という保護法益を基準にしたとすると，同一人に対し，日を変え，手段を変えて，何回も殺人行為をくりかえして，やっと目的を達した場合はどうか。
　必ずしも議論は単純ではない。

第12章　罪　　数

第2　犯罪の個数

　1個の刑罰権が発生する1個の犯罪とは，他に説もあるが，通説は，構成要件を1回充足する行為があれば，1罪が成立する，とされる。

　構成要件を1回クリアしたかどうかは，当該構成要件の解釈と事実の評価に帰着することにもなるが，構成要件の解釈は，行為，意思，法益などを総合してなされる。

　さきほどの例の，1発の爆弾で数人の人を殺した場合は，その法益が重視されて，殺した人数の数だけの殺人罪が成立する（ただ，のちの「観念的競合」として科刑上一罪として特別な扱いをする）。他方，殺す相手が1人でも，行為が相当に日時の離れた，別の機会になされたのであれば，意思と行為が重視されて，各殺人行為ごとに，別個に複数の殺人罪が成立することになろう。

　窃盗の場合は，同じ部屋から複数の持ち物を盗んでも1個の窃盗罪であるし，機会を全く別にした，同一人からの窃取行為は，機会ごとに別罪となる。

第3　特殊な一罪

1　法条競合

　見かけ上，1つの行為がいくつかの構成要件に該当するが，そのうち1つにしか該当しない場合がある。たとえば，業務上横領（253条）や業務上過失致死傷罪（211条）に該当すれば，そういった行為は，当然，単純な横領罪（252条）や過失致死傷罪（209条，210条）に該当することにもなるが，それぞれ前者は後者の加重規定で

あり，前者しか成立しない。特別法は一般法に優先するからである。

同様な関係は，たとえばナイフを用意して行なった殺人では，その殺人予備や暴行，傷害も伴うし，また，通常は，衣類の毀損も同時に行なわれ，これらは，それぞれ独立した構成要件を充足する。しかし，こうした軽い犯罪は，重大な犯罪である殺人罪に吸収されて評価される。

これらが「法条競合」である。

2　包括一罪

構成要件によっては，数個の見かけ上の犯罪行為が予定されているものがある。たとえば常習賭博罪（186条1項）のように，常習犯では，1個の賭博でも，何10回繰り返しても，包括して1罪として評価される。

なお，このような常習犯や，職業犯など，複数の反復した行為が想定されている犯罪を「集合犯」という。

また，同一の法益侵害に向けて，一連の行為があったり，接着して行為がなされたりした場合に，包括して1罪と評価することがある。逮捕して，引き続き監禁した場合は，監禁罪（220条）の1罪が成立する。賄賂を要求して収受した場合も1個の賄賂罪である（197条）。「包括一罪」というと普通はこちらを指すことが多い。

3　科刑上一罪

> **（観念的競合・牽連犯）**
> **第54条**①　1個の行為が2個以上の罪名に触れ，又は犯罪の手段若しくは結果である行為が他の罪名に触れるときは，その最も重い刑に

第12章　罪　数

> より処断する。

　特別な理由から，複数の犯罪，それも個別にみれば構成要件をクリヤしている犯罪を，科刑の処理にあたって１罪として処理することがある。「観念的競合」と，「牽連犯」である。

　①　観念的競合

　「想像的競合」，あるいは「一所為数法」ともいう。

　たとえば，爆弾を１発投げて，数人の人を爆死させるような行為をいう。行なった行為は１個であるが，犯罪の故意は，概括的には数個認められ，法益も死傷者の数だけ侵害している。構成要件としては，死傷者の数だけ充足したとみてよいであろう。

　しかし，それは構成要件という法的評価を念頭においてのものである。他方，これを単純・素朴に，眺めれば，一般的社会的評価としては，行為者の身体の動きに応じて１個とみることもでき，１罪に極めて近い存在だともいえる。

　そこで，こうした場合，刑法は，犯罪処罰の上では，１罪として扱うこととし（54条１項前段），そして，最も重い罪について定められた刑罰で処理することにしている。

　このように，刑法の構成要件といった法的評価をはなれて，「自然的観察のもとで，行為者の態様が社会的見解上」１個であると評価できる場合が観念的競合である。具体的ケースでは，判断は，必ずしも容易とはいえない。

　刑罰は，爆弾殺人のようなケースでは，いずれも殺人罪の刑で処断されるので，どの殺人が重いかは，10条３項に従い，犯情により選択・決定される。また，別の事例でみれば，警察官に抵抗して，暴れて怪我をさせたような場合が観念的競合にあたり，これに対し懲役刑を科そうとすれば，公務執行妨害罪（95条１項）は３年以下

であり、傷害罪（204条）は15年以下なので、重い傷害罪の刑、すなわち15年以下の懲役刑が科されることになる（10条）。

> **（刑の種類）**
> **第9条** 死刑、懲役、禁錮、罰金、拘留及び科料を主刑とし、没収を付加刑とする。
> **（刑の軽重）**
> **第10条**① 主刑の軽重は、前条に規定する順序による。ただし、無期の禁錮と有期の懲役とでは禁錮を重い刑とし、有期の禁錮の長期が有期の懲役の長期の2倍を超えるときも、禁錮を重い刑とする。
> ② 同種の刑は、長期の長いもの又は多額の多いものを重い刑とし、長期又は多額が同じであるときは、短期の長いもの又は寡額の多いものを重い刑とする。
> ③ 2個以上の死刑又は長期若しくは多額及び短期若しくは寡額が同じである同種の刑は、犯情によってその軽重を定める。

② 牽　連　犯

住居に侵入して盗みをする、いわゆる「侵入盗」は、窃盗としてポピュラーな態様の犯罪である。住居侵入罪は窃盗罪の手段であり、窃盗はその結果である。刑法は、このように、犯罪の性格上、類型的に、通常、手段と結果の関係にある複数の犯罪を、「牽連犯」として、科刑上、1罪として扱うことにしている（54条1項後段）。

住居侵入罪は、類型的に他の多くの犯罪の手段となる。窃盗のほか、殺人、強盗、強姦、放火などと牽連関係にあるとされる。また、文書偽造による詐欺などがよくある牽連犯の例である。

しかし、殺人と死体遺棄は類型的に手段結果の関係にあるとはいえない。また、保険金を騙し取ろうと放火したような、放火罪と保険金詐欺との関係も同様で、牽連犯とはならない。

このように、牽連関係は、客観的、類型的に認められる場合に限られるので、具体的に何罪と何罪とが牽連関係があるとされるかは

③ かすがい現象

牽連犯のいわば病理的現象として，たとえば，住居に侵入して数人の殺人を行なった場合，刑法理論としては，1つの住居侵入罪と複数の殺人罪とを，牽連犯として，1罪として処理しなければならないことになる。これを，住居侵入罪が複数の殺人罪を1罪化する，いわば「かすがい」の役をはたしているので，これを牽連犯の「かすがい現象」と呼ぶ。

かりに，住居侵入罪が起訴されなかったとしたら，複数の殺人罪は併合罪として処理されることになり，両者のアンバランスは大きい。

こうした点で問題があり異説もあるが，実務理論としては未だに克服されていない。

ただ，実務では，たとえば，住居侵入と複数の窃盗があった場合でも，あえて住居侵入罪を起訴しない扱いをする事例がかなりあるようである。起訴の権限は，検察官にあり，裁量の問題というべきであろう（起訴便宜主義という）。

第4 併合罪

> **（併合罪）**
> **第45条** 確定裁判を経ていない2個以上の罪を併合罪とする。ある罪について禁錮以上の刑に処する確定裁判があったときは，その罪とその裁判が確定する前に犯した罪とに限り，併合罪とする。
> **（併科の制限）**
> **第46条**① 併合罪のうちの1個の罪について死刑に処するときは，他の刑を科さない。ただし，没収は，この限りでない。
> ② 併合罪のうちの1個の罪について無期の懲役又は禁錮に処すると

きも，他の刑を科さない。ただし，罰金，科料及び没収は，この限りでない。
(有期の懲役及び禁錮の加重)
第47条 併合罪のうちの2個以上の罪について有期の懲役又は禁錮に処するときは，その最も重い罪について定めた刑の長期にその2分の1を加えたものを長期とする。ただし，それぞれの罪について定めた刑の長期の合計を超えることはできない。
(罰金の併科等)
第48条① 罰金と他の刑とは，併科する。ただし，第46条第1項の場合は，この限りでない。
② 併合罪のうちの2個以上の罪について罰金に処するときは，それぞれの罪について定めた罰金の多額の合計以下で処断する。
(没収の付加)
第49条① 併合罪のうちの重い罪について没収を科さない場合であっても，他の罪について没収の事由があるときは，これを付加することができる。
② 2個以上の没収は，併科する。
(余罪の処理)
第50条 併合罪のうちに既に確定裁判を経た罪とまだ確定裁判を経ていない罪とがあるときは，確定裁判を経ていない罪について更に処断する。
(拘留及び科料の併科)
第53条① 拘留又は科料と他の刑とは，併科する。ただし，第46条の場合は，この限りでない。
② 2個以上の拘留又は科料は，併科する。

1） 犯罪は，1罪ごとにそれぞれ刑罰権が発生するが，複数犯罪が，同時に裁判される場合がかなりある。

全部が有罪と認定されて刑が言い渡される場合，そのあり方としては，各犯罪ごとに刑を科する「併科主義」と，最も重い犯罪の刑のみを言い渡す「吸収主義」，それに，最も重い犯罪の刑に一定の加重をして刑を決める「加重主義」の3つがある。

第12章 罪　　数

　わが国では，死刑，無期刑については吸収主義を，懲役，禁錮については，最も重い犯罪の刑に加重する加重主義を採用し，罰金，拘留，科料，没収・追徴については，併科主義を，原則的，基本的にとっている（46条〜49条，53条）。

　2）　同時審判を受けていて，科刑上一罪にならない複数の犯罪は，併合罪となる（45条前段）。

　ただ，ＡＢＣＤと順次犯罪が犯されたが，ＡＢとＣＤの中間に禁錮以上の確定裁判があると，その罪とＡとＢとが併合罪となり，ＣＤが別の併合罪になる。確定した罪については再度の審理はできないので，結局，ＡＢグループと，ＣＤグループとに分けて，「ＡＢについては懲役何年，ＣＤについては懲役何年」と別個に刑が決められて言い渡されることになる（45条後段，前段，50条）。

第13章 刑　　罰

第1　刑罰の種類

> (刑の種類)
> **第9条**　死刑，懲役，禁錮，罰金，拘留及び科料を主刑とし，没収を付加刑とする。
> (死刑)
> **第11条**①　死刑は，刑事施設内において，絞首して執行する。
> (懲役)
> **第12条**①　懲役は，無期及び有期とし，有期懲役は，1月以上20年以下とする。
> (禁錮)
> **第13条**①　禁錮は，無期及び有期とし，有期禁錮は，1月以上20年以下とする。
> (有期の懲役及び禁錮の加減の限度)
> **第14条**①　死刑又は無期の懲役若しくは禁錮を軽減して有期の懲役又は禁錮とする場合においては，その長期を30年とする。
> ②　有期の懲役又は禁錮を加重する場合においては30年にまで上げることができ，これを軽減する場合においては1月未満に下げることができる。
> (罰金)
> **第15条**　罰金は，1万円以上とする。ただし，これを軽減する場合においては，1万円未満に下げることができる。
> (拘留)
> **第16条**　拘留は，1日以上30日未満とし，刑事施設に拘置する。
> (科料)
> **第17条**　科料は，1000円以上1万円未満とする。

第13章 刑　　罰

　刑罰は，国家によって，犯罪をその原因・理由として，生命，自由，財産などの法益を強制的に剥奪するものである。
　そのうち，死刑は生命を，懲役，禁錮，拘留は自由を，罰金，科料，それに没収・追徴は，財産を強制的に奪うものである。

第2　刑罰の意味

　刑罰の意味付けについては，刑法理論上，大いに論議のあるところである。
　1つは，犯罪という悪い行為に対する応報・制裁であるとする考え方（応報刑論）で，それによって社会の秩序を維持するのであるというものである。客観的な行為を中心に考える点で，客観主義（古典派），行為主義をとる刑法の帰結である。
　他方は，犯罪者という，社会にとって危険な存在を，無害化する目的を持った，矯正，教育の手段であるという考え方である（目的刑・教育刑論）。行為者の危険性に注目する点で，主観主義（近代派），行為者主義の刑法論につながっている。
　現在，日本の刑罰のあり方は，刑罰の限界を行為以上の制裁の範囲を超えないよう行為主義的に，だが，その処罰の意味や内容を更生に向けて教育的に，それぞれ適用し運用しようと努めているものといえよう。

第3　刑の定め方

（加重減軽の順序）
第72条　同時に刑を加重し，又は減軽するときは，次の順序による。
　1　再犯加重

2 法律上の減軽
3 併合罪の加重
4 酌量減軽

(再犯)
第56条① 懲役に処せられた者がその執行を終わった日又はその執行の免除を得た日から5年以内に更に罪を犯した場合において，その者を有期懲役に処するときは，再犯とする。
② 懲役に当たる罪と同質の罪により死刑に処せられた者がその執行の免除を得た日又は減刑により懲役に減軽されてその執行を終わった日若しくはその執行の免除を得た日から5年以内に更に罪を犯した場合において，その者を有期懲役に処するときも，前項と同様とする。
③ 併合罪について処断された者が，その併合罪のうちに懲役に処すべき罪があったのに，その罪が最も重い罪でなかったため懲役に処せられなかったものであるときは，再犯に関する規定の適用については，懲役に処せられたものとみなす。

(再犯加重)
第57条 再犯の刑は，その罪について定めた懲役の長期の2倍以下とする。

(法律上の減軽の方法)
第68条 法律上刑を減軽すべき1個又は2個以上の事由があるときは，次の例による。
 1 死刑を減軽するときは，無期の懲役若しくは禁錮又は10年以上の懲役若しくは禁錮とする。
 2 無期の懲役又は禁錮を減軽するときは，7年以上の有期の懲役又は禁錮とする。
 3 有期の懲役又は禁錮を減軽するときは，その長期及び短期の2分の1を減ずる。
 4 罰金を減軽するときは，その多額及び寡額の2分の1を減ずる。
 5 拘留を減軽するときは，その長期の2分の1を減ずる。
 6 科料を減軽するときは，その多額の2分の1を減ずる。

(酌量減軽)
第66条 犯罪の情状に酌量すべきものがあるときは，その刑を減軽することができる。

(法律上の加減と酌量減軽)

第13章 刑　　罰

> **第67条**　法律上刑を加重し，又は減軽する場合であっても，酌量減軽をすることができる。
> **（酌量減軽の方法）**
> **第71条**　酌量減軽をするときも，第68条及び前条の例による。

　1）　裁判で，有罪の犯罪について，刑を言い渡す場合，たとえば，公務執行妨害罪（95条1項）であれば，3年以下の懲役と禁錮と罰金が，傷害罪（204条）であれば，15年以下の懲役と罰金が定められており，刑の種類の選択が必要である。

　公務執行妨害と傷害と同時に犯した犯人の場合は，観念的競合なので1罪になるので1罪の処理がいる。また，別の機会に犯した場合はどうか。併合罪であるので併合罪の処理が必要である。また，懲役刑の場合，一定期間内に執行された前科があれば，累犯として刑が加重されるので（56条，57条），その処理が必要となる。こうした，もろもろの処理がなければ言い渡すべき刑は決まらない。

　2）　このような処理に関しては，定められたルールがある。
判決で刑を決める過程・順序を示すとⅰ～ⅷのようになる。

　ⅰ　構成要件と法定刑を示す規定の適用

犯罪がどのような法条の構成要件に該当するかである。

　ⅱ　科刑上一罪の処理

牽連犯，観念的競合の処理である。公務執行妨害罪と傷害とが観念的競合になる場合は，1罪として主刑の重い傷害罪の刑で処断する（54条1項前段，10条）。

　ⅲ　刑種の選択

公務執行妨害罪と傷害罪とが1罪ではなく，併合罪であれば，それぞれ公務執行妨害罪では懲役と禁錮と罰金が，傷害罪では懲役と罰金が選択できるので，各罪について選択をする。

　ⅳ　累犯加重

第3　刑の定め方

　一定期間内の所定の前科があり，懲役刑に処すべき場合は，累犯加重の処理が必要である。公務執行妨害罪についてそのような条件を満たし，傷害罪については満たさないときは，前者について懲役刑を選択した場合にのみそのような処理が行なわれる（56条）。具体的には，懲役刑が倍になるので6年以下の刑ということになる（57条）。

　ⅴ　法律上の減刑

　各罪に未遂（43条），心神耗弱（39条2項），従犯（正犯でなく幇助犯63条），自首・首服（42条），過剰防衛（36条2項），過剰避難（37条1項ただし書），法律の錯誤（38条3項）などの事由があれば減刑の処理をする。中止未遂，心神耗弱，従犯は減刑が必要的であるが，その他の障害未遂，自首・首服などは任意的で，ケースに対する裁判官の判断による。

　ⅵ　併合罪の処理

　先に併合罪について述べたような処理をする。

　先の公務執行妨害罪と傷害罪とだけ，単純に併合罪になる場合では，いずれも懲役刑を選択したとすると，傷害罪の法定刑に加重をして，上限が決められる。加重は，普通は，重い罪の刑を1.5倍にして定めるが，双方を足したものが上限になるので，18年以下の懲役刑に処すことになる。

　ⅶ　酌量減刑

　犯罪の情状に酌量できるものがあれば，その刑を減刑できる（67条）。法律上の減軽をしても，なお，定まった刑の下限が重すぎる場合に行なわれる。

　ⅷ　宣告刑の決定

　以上のような処理を経て，処断すべき刑の範囲が決まるので，その範囲内で被告人に言い渡す刑を決めるのである。

第4 付 加 刑

> **(没収)**
> **第19条**① 次に掲げる物は,没収することができる。
> 1 犯罪行為を組成した物
> 2 犯罪行為の用に供し,又は供しようとした物
> 3 犯罪行為によって生じ,若しくはこれによって得た物又は犯罪行為の報酬として得た物
> 4 前号に掲げる物の対価として得た物
> ② 没収は,犯人以外の者に属しない物に限り,これをすることができる。ただし,犯人以外の者に属する物であっても,犯罪の後にその者が情を知って取得したものであるときは,これを没収することができる。
>
> **(追徴)**
> **第19条の2** 前条第1項第3号又は第4号に掲げる物の全部又は一部を没収することができないときは,その価額を追徴することができる。

犯罪行為に対する応報・制裁である,本来の刑罰とは違うが,付加して,犯罪に関係のある財産を没収・追徴することができる(9条,19条,19条の2)。

犯行の凶器などは,社会の安全維持のため,没収するのであるし,犯罪から得られたものは,その収益の剝奪であって,刑事政策的意味が大きい。

第5 執 行 猶 予

> **(執行猶予)**
> **第25条**① 次に掲げる者が3年以下の懲役若しくは禁錮又は50万円以下の罰金の言渡しを受けたときは,情状により,裁判が確定した日

第5 執行猶予

> から1年以上5年以下の期間，その執行を猶予することができる。
> 1　前に禁錮以上の刑に処せられたことがない者
> 2　前に禁錮以上の刑に処せられたことがあっても，その執行を終わった日又はその執行の免除を得た日から5年以内に禁錮以上の刑に処せられたことがない者
>
> ② 前に禁錮以上の刑に処せられたことがあってもその執行を猶予された者が1年以下の懲役又は禁錮の言渡しを受け，情状に特に酌量すべきものがあるときも，前項と同様とする。ただし，次条第1項の規定により保護観察に付せられ，その期間内に更に罪を犯した者については，この限りでない。
>
> **（保護観察）**
> **第25条の2** ① 前条第1項の場合においては猶予の期間中保護観察に付することができ，同条第2項の場合においては猶予の期間中保護観察に付する。
> ② 保護観察は，行政官庁の処分によって仮に解除することができる。
> ③ 保護観察を仮に解除されたときは，前条第2項ただし書及び第26条の2第2号の規定の適用については，その処分を取り消されるまでの間は，保護観察に付せられなかったものとみなす。

一定以下の懲役，禁錮，あるいは罰金刑については，その情状によって，ある年限を定めて，刑の執行を保留する制度がある（25条）。

執行猶予のできる刑の上限は，懲役・禁錮3年以下か罰金50万円以下であるが，再度の執行猶予の場合は，刑期の上限が1年で，必ず保護観察に付される。

執行猶予期間は，1年から5年で，保護観察に付する処置が，任意的，必要的に付加される（25条の2）。

プロフィール

荒木　友雄（あらき　ともお）

　1965年4月裁判官に任官し，以降，裁判実務，検察実務，司法行政などを担当。2000年末に東京高等裁判所刑事部の部総括判事を最後に退官。2001年4月から，流通経済大学法学部教授（刑法総論・刑事訴訟法担当）。加えて，2004年4月からしばらく中央大学法学部において法曹論の講義担当。

　著書には，共著として『大コンメンタール刑法第8巻』（「文書偽造罪」の項，青林書院），編著として『刑事裁判実務体系　5』「交通事故」（青林書院），実務的論稿として「鑑定」（「刑事手続」（下）筑摩書房），「公判の連日的開廷と公判の活性化」（現代刑事法43号）など多数。

アウトライン 刑法総論〔第2版〕

2004年4月26日　第1版第1刷発行
2009年3月25日　第2版第1刷発行

著者　荒木友雄

発行　不磨書房
〒113-0033 東京都文京区本郷6-2-10-501
TEL 03-3813-7199／FAX 03-3813-7104

発売　㈱信山社
〒113-0033 東京都文京区本郷6-2-9-102
TEL 03-3818-1019／FAX 03-3818-0344

Printed in Japan

Ⓒ ARAKI Tomoo, 2009　印刷・製本／松澤印刷・渋谷文泉閣

ISBN978-4-7972-8559-8 C3332

刑事訴訟法講義〔第5版〕
渡辺咲子（明治学院大学）著 　　　　　　　　　定価：3,400円（税別）

LSノート 刑事訴訟法
長井圓（中央大学）著 　　　　　　　　　　　　定価：3,600円（税別）

プライマリー 刑事訴訟法〔第2版〕
椎橋隆幸（中央大学）編著　小木曽綾・香川喜八朗・清水真・滝沢誠・檀上弘文・堤和通・中野目善則・成田秀樹・宮島里史・柳川重規
　　　　　　　　　　　　　　　　　　　　　　定価：2,900円（税別）

アウトライン 刑法総論〔第2版〕
荒木友雄 著（流通経済大学） 　　　　　　　　　定価：1,600円（税別）

プライマリー 法学憲法
石川明（慶應義塾大学名誉教授）編　永井博史・小池和彦・中路喜之・大内義三・波多野雅子・河原田有一・飯島暢・大窪久代・中村光宏・谷田川知恵・本間学・笠原毅彦・上村都・大濱しのぶ・日向野弘毅・皆川治廣・藤井まなみ・狩野敬子
　　　　　　　　　　　　　　　　　　　　　　定価：2,900円（税別）

トピック社会保障法〔第3版〕
本沢巳代子（筑波大学）・新田秀樹（大正大学）編著
小西啓文・田中秀一郎・根岸忠・橋爪幸代・原田啓一郎・増田幸弘・脇野幸太郎
　　　　　　　　　　　　　　　　　　　　　　定価：2,400円（税別）

比較判例ジェンダー法〔第2版〕
浅倉むつ子・角田由紀子 編著　相澤美智子・大西祥世・岡田久美子・小竹聡・齋藤笑美子・申惠丰・中里見博・糠塚康江・谷田川知恵
　　　　　　　　　　　　　　　　　　　　　　定価：2,900円（税別）

発行　不磨書房　TEL：03(3813)7199　FAX：03(3813)7104　Email：hensyu@apricot.ocn.ne.jp
発売　信山社　TEL：03(3818)1019　FAX：03(3818)0344　Email：order@shinzansha.co.jp